구글이 목표를 달성하는 방식

O
K
R

구글이 목표를 달성하는 방식

Objective

Key

Results

크리스티나 워드케 지음 | **박수성** 옮김

한국경제신문

무기력한 팀을 깨우는 최고의 전략

휴렛팩커드가 한창 잘나갈 때 여기서 엔지니어로 일을 시작할 수 있어서 나는 정말 운이 좋았다. 당시 휴렛팩커드는 지속적으로 조직을 혁신하고 목표를 실행하는, 업계에서 가장 성공적인 경영의 본보기였다. 이때 나는 'HP 방식'이라고 불리던 내부 기술관리 교육 프로그램의 일환으로 MBO(Management by Objectives, 목표관리)라는 성과관리 시스템을 알게 되었다.

이 시스템의 개념은 간단하며 두 가지 기본 원칙을 바탕으로 한다. 첫 번째 원칙은 조지 패튼(George Patton) 장군의 유명한 말로 쉽게 요약할 수 있다. "사람들에게 어떻게 할지를 알려주지 마라. 그들이 완수해야 하는 것을 알려주고 그들이 결과를 내게 해서 당신을 놀라게 만들어라." 이 말은 사람들에게 복잡한 체계나 방법이 아닌 그들의 마음을 끄는 목표를 제시해 사기를 북돋우라는 뜻이다. 두 번째는 '성과가 결과로 측정될 때' 라는 HP의 슬로건에서 알 수 있다. 즉, 당신은 원하는 모든 제품을 출시할 수 있지만 결과적으로 중요한 사업 문제를 해결하지 못한다면 실제로는 아무것도 해결하지 못한 것이라는 뜻이다.

첫 번째 원칙은 사람들이 일을 최고로 잘하도록 동기를 부여하는 방법에 관한 것이고, 두 번째는 성과를 의미 있게 측정하는 방법에 대한 것이다. 내가 HP에 몸담았던 때보다 지금 업계는 너무나 많은 것이 변했다. 기술은 극적으로 발전했으며 우리가 만들었던 시스템들의 규모와 범위는 몇 자릿수 더 커졌다. 대부분의 팀들은 전에 볼 수 없던 탁월한 품질과 성과를 내놓으면서 훨씬 더 빨리 움직이고 있다. 게다가 이 모든 것이 아주 적은 비용으로 실행된다. 그러나 여전히 최고의 회사와 팀들이 돌아가는 방식은 이 두 가지 성과관리 원칙들을 토대로 한다.

MBO 시스템은 인텔을 중심으로 수년 동안 여러 회사들에서 다듬어지고 개선돼왔으며, 오늘날 우리가 사용하는 중요한 성과관리 시스템인 OKR(Objectives and Key Results, 목표 및 핵심 결과지표)로 굳건히 자리를 잡았다.

안타깝게도 변하지 않은 또 다른 점 하나는 많은 조직들이 여전히 이 원칙을 이용하지 않는다는 사실이다. 아직도 많은 경영진과 주주들은 분기별 제품 특징과 프로젝트들이 기재된 로드맵을 가져와서 제품팀에게 건네고 어떻게 중요한 사업 문제들을 해결할지 지시하는 경우가 흔하다. 그러면 지시를 받은 팀들은 큰 맥락을 이해하지 못한 채, 그리고 이것이 과연 옳은 해결책인지 신뢰하지 못한 채 세부 사항들을 구체화하고, 코드화하고, 시험할 뿐이다.

이런 시스템 아래서는 직원들은 회사의 제품이 중요한 사업 문제들을 실제로 해결하는지 아닌지를 거의 신경 쓰지 않고 그저 제품을 생산해내는 공장으로 전락한다. 결과가 아니라 생산량으로 발전 정도가 측정되는 것이다.

이 책의 목적은 OKR을 통해 생산이 아닌 결과, 즉 모두가 인지하고 공유한 목표에서 최고의 성과를 내고자 하는 모든 조직들을 돕는 것이다. 나는 이 방법이 6만 명의 직원을 거느린 대기업은 물론 단 세 명이 운영하는 신생 벤처기업처럼 작은 조직에도 성공적으로 적용되는 것을 목격했다. 회사가 크든 작든 당신이 똑똑한 직원들을 고용하려고 부단히 애쓰기만 하면, 이 시스템은 그들이 잠재력을 펼치도록 지원하고 회사를 발전시키는 데 크게 기여할 것이다.

마티 케이건(Marty Cagan)
실리콘밸리 프로덕트 그룹(www.svpg.com) 설립자

아이디어가 아닌 '실행'으로 혁신하라

책을 낸 작가라면 누구나 이런 사람들에게 넌덜머리가 날 것이다. 어느 날 다가와서 '좋은 생각이 났다'고 말하는 사람들. 참으로 재미있지 않은가? 그들이 자신의 생각에 당신을 끼워주고 수익을 나누고 싶어 한다는 점이 정말 재미있는 부분이다. 그들의 제안은 언제나 똑같다. 그들이 당신에게 아이디어를 주면(어려운 부분), 당신은 그것을 받아 적어서 한 권의 소설로 탄생시키고(쉬운 부분), 당신과 그가 50 대 50으로 수익을 나누자는 것이다.

_닐 게이먼(Neil Gaiman), 〈어디에서 아이디어를 얻습니까?(Where Do you Get Your Ideas?)〉

실리콘밸리에 몸담았던 수년 동안 나 역시 닐 게이먼과 유사한 경험을 했다. 예를 들면 이런 식이다. 어느 날 나는 '원대한 아이디어'를 지닌 신출내기 기업가 한 명과 함께 앉아 있다. 그는 내게 '기밀유지협약서'에 서명해달라고 부탁한다. 즉, 우리가 논의한 아이디어들을 발설하거나 따라 하지 않겠다고 서약하는 것이다. 이런 사람들은 자신의 아이디어가 무척 귀중하고 대단해서 '어려운 일'은 이미 다 끝났다고 확신한다. 암호를 풀기 위해 남은 일은 없다!

대부분의 경우 나는 거절한다. 그들이 가져온 아이디어들은 인쇄해온 종이만큼의 가치도 없다. 정말 새로운 아이디어를 들은 적은 거의 한 번도 없다. 내가 잘 모르는 산업에 대한 이야기가 아니라면, 한 번쯤은 나도 생각해봤던 아이디어인 경우가 많다. 내가 천재여서가 아니다(오히려 천재와는 거리가 멀다). 아이디어는 생각보다 쉽게 떠오르기 때문이다. 어려운 건, 정말로 어려운 일은 아이디어에서 한 발짝 나아가 그것을 현실로 만드는 일이다.

아이디어에 적합한 형태를 찾아내는 일이 어려운 것이다. 소비자들이 그 상품의 가치를 알아보고, 그것을 이용하는 법을 이해하고, 그것에 돈을 지불할 만큼 소비자들을 신나게 만드는 형태여야 한다. 그 점이 정말 어렵기 때문에 이 일을 하려면 한 팀의 사람들이 필요하다. 그리고 그때가 바로 난이도가 확 높아지는 때다. 당신은 갑자기 이 일에 적합한 인재들을 고용해야 하고, 그들 모두가 집중력을 발휘해 올바른 일을 하도록 만들어야 하고, 흥미롭고 수익성도 있는 다른 일도 많은 이 세상에서 애초에 함께 모인 이유를 아무도 잊지 않도록 확실히 하는 방법을 찾아야 한다.

작가들, 음악가들도 물론 고군분투한다. 하지만 이들은 자기 자신만 다스리면 되지 않은가! 영화 제작자들과 기업가들의 상황은 훨씬 더 어렵다. 하지만 어찌 되었든 이들은 자신의 아이디어가 형태를 갖추기까지 그 힘든 상황들을 맞서 이겨낸다. 너무나 많은 사람들이 '좋은 생각이 떠올랐어!' 단계를 뛰어넘는 데 실패한다. 그런데 이들은 어떻게 해내는 것일까?

사실 아이디어를 지키는 것은 중요하지 않다. 아이디어를 현실로 만드는 데 걸리는 시간을 사수하는 일이 중요하다. 온갖 반짝이는 것들이 당신을 향해 쏟아져 들어오는 것 같을 때, 당신과 당신의 팀이 목표를 잃지 않게 잡아줄 시스템이 필요하다.

내가 사용하는 시스템은 단순하게 세 부분으로 이뤄져 있다.

첫째, 영감을 주고 측정 가능한 목표를 세워라. 둘째, 바라는 최종 상태를 향해 언제나 당신과 당신의 팀이 진보하게 하라.

할 일이 얼마나 산적해 있는지는 중요치 않다. 셋째, 자신이 달성하려고 애쓰고 있는 것이 무엇인지 상기하도록, 서로 공동 책임을 지고 있다는 사실을 팀 전체가 확실히 기억하도록 정기적인 점검 시간을 만들어 리듬을 형성하라.

당신의 열정을 깨우는 OKR 기법
—

나는 목표 설정에 OKR 기법을 이용한다. 이에 대해서는 책 전반에 걸쳐 상세하게 다룰 것이다. 간단히 말하자면 OKR은 인텔에서 고안되어 구글, 징가, 링크드인, 제너럴어셈블리 같은 조직에서 빠르고 지속 가능한 성장을 촉진시키기 위해 사용하는 하나의 시스템이다.

O는 목표를 뜻하는 '오브젝티브(Objective),' KR은 핵심 결과지표를 뜻하는 '키 리절트(Key Results)'를 나타낸다. 목표는 당신이 실행하고 싶은 일(예를 들면 '끝내주는 게임을 내놓자!' 등), 핵심 결과지표는 당신이 목표를 달성했는지를 알 수 있는 척도다('일일 다운로드 건수 2만 5,000건,' '일수익 5만 달러' 등). OKR은 하나의 비전을 제시해 회사 전체를 통합하며, 보통 연간 또는 분기별로 세운다.

목표는 숫자를 좋아하지 않는 사람들에게 영감을 주고 동기를 부여한다. 숫자를 사랑하는 사람들에게는 핵심 결과지표가 목표를 자연스럽게 알려준다. 아침에 목표를 달성하고 싶은 마음에 신이 나서 침대에서 벌떡 일어난다면 훌륭한 목표가 설정되었다는 증거다. 핵심 결과지표를 달성하지 못할까 봐 조금 초조한 마음이 든다면 핵심 결과지표가 제대로 설정된 것이다.

지금, 가장 중요하고 긴급한 단 하나의 일
—

생산성 시스템들에 대해 처음 배우기 시작했을 때 나는 '중요도/긴급성 매트릭스(Important/Urgent matrix)'를 접했다. 이것은 정사각형에 두 개의 축이 있는 단순한 도표다. 첫 번째 축은 중요도를 나타낸다. 두 번째 축은 긴급성을 나타낸다.

우리는 중요하고 긴급한 일에 시간을 써야 하며, 그런 일을 해야 한다. 또한 중요하지만 긴급하지 않은 일에도 시간을 써야 한다. 중요하지 않지만 긴급한 일에는 시간을 쓰지 말아야 한다. 하지만 알다시피 긴급한 일은, 매우 긴급하다! 중요하지 않은 일들을 버리는 것은 정신적으로 꽤 힘들다(특히 누군가 잔소리를 해대면 더욱 그렇다). 이때 한 가지 해결책은 중요하지만 긴급하지 않은 일들의 시간을 제한하여 그 일들을 긴급하게 만드는 것이다.

예를 들어 설명해보자. 당신은 개인 트레이너와 운동을 시작하려고 줄곧 마음먹어왔다. 왜냐하면 헬스클럽이란 곳은 혼자서는 잘 나가기가 어려운 곳이기 때문이다. 그러나 몇 주가 흘러도 이 계획은 영원히 실행될 것 같지 않다. 이럴 때 OKR 기법을 사용해보는 것이다.

당신은 한 분기 동안 당신이 건강해지는 것을 목표로 정할 수 있고, 핵심 결과지표로는 근육량, 체중, 정신건강 등을 설정할 수 있다. 매주 월요일에 당신은 이 목표를 달성하기 위해 세 가지 과제를 정한다. '개인 트레이너에게 전화하기'가 한 가지 과제가 될 수 있다. 다음에는 당신에게 책임감을 느끼게 할 사람을 찾는다. 친구, 코치, 배우자도 모두 훌륭한 선택이다. 자, 이제 당신이 목표를 완수하지 못하면 누군가가 당신에게 잔소리를 할 것이다.

이런 방법은 업무에도 얼마든지 적용될 수 있다. 데이터베이스를 최적화하는 것, 더 빠른 웹사이트를 개발해 고객 만족도를 향상시키는 것, 당신이 가지고 있는 모든 자료들을 새로운 브랜드로 다시 정리해 회사가 전문성을 갖추도록 기여하는 일 등 무궁무진하다.

또한 OKR로 목표를 정하고, 주간 우선순위 목록으로 그 일들을 실행하고 있는지 계속 기억할 수 있다. 게다가 매주 우선순위들을 검토하면 어떤 상황에서 당신이 목표를 달성하는지 알게 된다. 그리고 더 값진 것은 무엇이 당신이 목표를 완수하지 못하게 방해하는지도 알게 된다는 점이다.

내 경험으로 미뤄 보면 판단을 잘못하는 이들은 두 가지 부류로 나뉜다. 자신이 무엇이든 할 수 있다고 생각하며 끊임없이 목표를 과대평가하는 부류와 아주 소극적이고 방어적인 부류다. 관리자로서 누가 어떤 성향인지를 파악하면 어떤 사람을 밀어붙이고 어떤 사람에게 의견을 구해야 하는지 알 수 있다. 또한 성향 파악은 직원들 본인이 자신을 더 잘 알 수 있게 해주어, 그 자체만으로도 대단한 성과다.

서로 전념하고 지지하는 규칙적인 리듬을 타라

—

매주 월요일에 다 함께 우선순위들을 정하고 한 주를 시작하는 효과는 강력하다. 목표를 실현하기 위해 일주일 동안 당신과 팀은 서로에게 전념할 것이다. 금요일에는 그때까지 달성한 것을 축하한다. 달성한 일을 축하하는 시간도 한 주의 성과를 높이는 든든한 지지대 역할을 한다. 이렇게 전념하고 축하하는 규칙적인 리듬을 형성하면 목표를 정하고 실행하는 것이 습관으로 굳어진다.

목표 달성을 방해하는 황금 사과를 주의하라

—

어린 시절 내가 가장 좋아했던 그리스 신화 중 하나는 아탈란타 신화였다. 아탈란타는 스파르타에서 가장 빨리 달릴 수 있었던 여인으로, 결혼 생각이 없었다. 중세 시대보다 더한 고대 그리스인이었던 아탈란타의 아버지는 딸의 독신 계획을 용납하지 못하고 달리기 시합을 열기로 했다. 이 시합에서 젊은 남성들이 경주를 벌이게 해서 이기는 자에게 딸을 시집보낼 생각이었다. 아탈란타는 자유를 지키기 위해 자신도 경주에 참여하게 해달라고 청했고, 아버지는 딸이 이길 수도 있다는 생각은 하지 못하고 그 청을 받아들였다.

경주에서 아탈란타는 놀랍도록 빨랐고 거의 이길 뻔했다. 한 남자, 히포메네스가 황금 사과 세 개를 그녀가 앞지르기 시작할 때마다 하나씩 굴리지만 않았다면 말이다. 아탈란타는 신기한 황금 사과들을 줍느라 중간에 멈춰 서야 했고, 결국 히포메네스가 간발의 차이로 그녀를 이겼다. 아탈란타가 애초에 자신이 세웠던 목표에만 매달렸더라면 아무 데도 매이지 않고 자유로운 삶을 살아갔을 것이다!

모든 벤처기업은 아탈란타처럼 그들의 여정에서 온갖 황금 사과들을 만날 것이다. 어떤 중요한 회의에서 주목받을 기회일 수도 있고, 어쩌면 자신을 위해 당신 회사의 소프트웨어를 바꿔달라고 청하는 거물 고객 한 명일 수도 있다. 아니면 당신의 주의를 흐트러뜨리는 독이 든 사과 같은 나쁜 직원일 수도 있다. 벤처기업의 적은 시간이다. 시기적절하게 실행하는 것을 막는 적은 집중을 방해한다.

회사는 훌륭한 목표를 세우고 매주 그 목표들을 달성하는 데 전념해야 하며, 그렇게 달성한 목표들을 축하하면서 나아가야지만 비로소 성장할 수 있다. 그 길에 어떤 반짝이는 사과들이 굴러오든 상관하지 말아야 한다.

몽상가에서 실행자로, 성공을 향한 실질적 접근
—

이 책은 목표를 거의 이루지 못할 뻔했던 작은 벤처기업의 이야기로 시작한다. 해나와 잭은 사업을 시작할 때 거의 몽상가 수준이었다. 이들은 좋은 생각을 떠올리는 일에는 정말 능했다. 그리고 모든 일이 순조롭게 잘 진행될 것이라고 믿고 싶어 했다. 그러나 곧 훌륭한 아이디어 하나로는 충분하지 않다는 사실을 깨달았다. 꿈을 실현하기 위해 이들은 시스템이 필요했다. 이 이야기의 마지막에 가면 이들은 더 이상 그저 몽상가가 아니다. 이들은 '실행자(executioner)'다.

Objective

Key

Results

—

차례

—

1부

지금 당신이 시도해야 할 단 하나의 방식

어느 젊은 회사의 OKR 도전 스토리

2부

당신과 팀을 바꾸는 강력한 목표 달성 프레임워크

OKR을 성공적으로 적용하기 위한 전략

지금 당신이 시도해야 할
단 하나의 방식

어느 젊은 회사의 OKR 도전 스토리

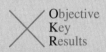

Objective
Key
Results

젊은 기업가의 고민

해나는 책상 앞에 앉아 키보드 위로 상체를 구부리고 있었다. 윤기 나는 검은 단발머리가 사무실에 있는 다른 사람들로부터 얼굴을 가려주었다. 직원들에게는 젊은 CEO가 모니터에 집중하고 있는 듯 보였을 것이다. 목표치에 전혀 근접하지 못한 지난 분기 실적을 검토하고 있는 중이겠거니 하고 말이다.

그러나 해나는 엑셀 시트에 적혀 있는 숫자를 보고 있는 게 아니었다. 그녀는 두 손을 키보드 양쪽에 펼쳐 놓아두고, 단지 키보드 위로 얼굴을 떨어뜨리지 않으려고 부단히 애쓰고 있었다. 어쩌다 이 지경까지 왔을까? 성공할 수 있는 시장이 있었는데도 이들은 그 기회를 잡을 수 있는 방법을 찾아내지 못했다. 동업자는 불평만 늘어놓는 비극의 주인공 같았고, 새로 영입한 CTO(최고기술책임자)는 좀 방법론 예찬론자랄까? 해나는 난생처음으로 누군가를 해고해야 할 상황이었다.

왜, 그녀는 기업가가 되고 싶었던 것일까?

새로운 시장을 발견하다

옛날 옛적에 신생 벤처기업 하나가 있었다. 이 벤처기업은 정직한 생산자들이 장인 정신으로 키워낸 찻잎을 고급 레스토랑과 안목 있는 카페들에 제공하자는 비전을 품었다. 해나와 잭, 두 사람이 설립자였다. 중국계 미국인 1세대로 스탠퍼드 경영대학원에서 경영학을 공부한 해나는 어릴 적부터 부모님의 집에서 늘 차를 입에 달고 살았던 까닭에 차를 무척 사랑했다. 그녀의 어머니는 수년간 피닉스 시내에서 작은 식당을 경영했고, 그녀의 가족은 좋은 음식과 좋은 차에 대한 식견이 있었다. 하지만 팰로앨토에서 훌륭한 차를 찾기란 쉽지 않았다. 해나는 근사한 식사 후 훌륭한 중국 용정차 한잔을 마시고 싶은 마음을 접을 수밖에 없었다.

영국인 잭은 카페에 갈 때마다 절망했다. 이곳의 카페들은 이제 수란은 완벽하게 만들 수 있을지 몰라도 얼그레이는 인물의 이름 정도로만 알고 있었다. 잭도 마찬가지로 스탠퍼드에 재학 중이었으며 인간과 컴퓨터의 상호작용 디자인을 공부하고 있었다. 그는 가방에 책을 적게 가지고 다닐 수 있고 자신의 엉성한 타자 실력을 알아서 고쳐준다는 점에서 기술을 사랑했지만, 작은 봉지 안에 차를 쑤셔 넣는 기술은 거부했다. 그에게 그것은 기술 발전이 아니었다.

어느 날 해나와 잭은 우연히 구내 서점 카페에서 만났다. 잭은 상자 안에 든 차를 보며 큰 소리로 불평하고 있었다. 그의 뒤에 줄 서 있던 해나는 깔깔 웃으며 가방 속에 가지고 다니던 녹차가 든 주석 통을 보여주었다. 그들은 급속도로 친해졌다.

해나는 어렸을 때부터 자신이 사업가가 되리라는 사실을 알았다. 사업가 집안에서 자란 까닭이었다. 어머니는 음식점을, 아버지는 회계사 사무실을 운영했고 숙모도 로펌을 세웠다. 그녀는 유전적으로 기업가정신을 타고난 셈이다. 다만 잭을 만나기 전까지는 어떤 회사를 시작하고 싶은지 알지 못했을 뿐이다. 그들은 대학원 마지막 해 봄 학기에 기업가 양성 과정을 듣기로 했고, 졸업과 함께 사업을 시작하기로 했다.

잭과 해나는 세상에 훌륭한 차 생산자들이 아주 많다는 사실을 알았다. 그래서 훌륭한 차를 경작하는 이들을 고급 레스토랑들과 카페들(커피에 관해서라면 잘난 척해도 차에는 무지한 카페들)에 연결해주자고 결심했다. 그들은 이 새로운 회사의 이름을 '티비(TeaBee)'라고 지었다. 스탠퍼드를 졸업했고 적절한 연줄을 형성해두었던 덕분에 나름 수월하게 사업에 착수할 자본을 어느 정도 모을 수 있었다.

해나는 CEO 직함을 달았고 잭은 회장직을 맡았다. 하지만 실질적으로는 해나가 회사를 소유하고 잭은 제품을 맡았다. 그들은 101번 고속도로 근처에 월세가 그리 비싸지 않은 작은 사무실을 얻었다. 사무실을 꾸미고 여러 행사에 참여해 차를 나눠 주면서 희망찬 6개월을 보냈다. 엔지니어 몇 명을 고용했고, 잭은 구매자들이 차 생산자들을 찾고 맛 좋은 차를 주문할 수 있는 아주 예쁜 웹사이트를 만들었다. 해나는 지역 레스토랑들과 계약을 몇 건 체결했다. 잭은 멋진 로고를 만들기 위해 계약직으로 시각디자이너 한 명을 고용하자고 건의했다. 또한 그들은 장부의 수지를 확실히 맞추기 위해 시간제 CFO(최고재무책임자)도 고용했다. 사무실은 키보드 두드리는 소리와 소곤거리는 목소리들로 조용히 생기가 넘쳤다.

하지만 조금씩 불안한 느낌이 들기 시작했다. 또 한 차례 자금을 모아야 할 때가 오기 전까지 1년 더 버틸 수 있는 예산이 있었지만, 그들은 시장을 형성하는 데 왜 이렇게 시간이 오래

Objective
Key
Results

걸리는지 걱정스러웠다. 소규모 차 생산자들과는 꽤 많이 계약을 맺었지만 그에 비해 계약을 체결한 구매자 수는 너무 적었다. 한쪽으로 치우친 시장은 수익성이 높은 시장이 아니다. 훌륭한 설립자들이 그렇듯 그들도 차를 더 많이 팔기 위해 직접 현장에 나가기로 결심했다. 구매자들의 심리를 더 잘 간파하려는 목적이었다.

어느 날 해나는 한 레스토랑 공급업체로부터 엄청난 양의 주문을 받아 사무실로 돌아왔다. 이 레스토랑 공급업체는 크고 작은 온갖 레스토랑들에 차뿐만 아니라 통조림 제품, 건물류, 커피도 팔고 있었다. 잭은 기쁘긴 했지만 한편으로는 불안했다. 곧 많은 돈이 회사로 들어오리라는 사실이 기뻤지만 이는 계획에 없던 일이었다. 그들은 고급 식사와 고품질의 차를 연결시키기 위해 회사를 열지 않았던가! 이 레스토랑 공급업체가 차에 신경을 쓸까? 차의 품질에 관심이나 있을까?

"잭."

해나는 한숨을 내쉬며 말했다.

"레스토랑들은 우리와 거래하려고 하지 않아. 우리가 너무 신생 회사라서 우리를 신뢰하지 않거든. 하지만 공급업체들은 우리를 믿어보려고 해. 그들은 우리가 제공하는 차를 레스토랑에 공급할 거야. 차 생산자들은 여전히 사업이 잘 되고 말이야.
이게 어떻게 진행될지 한번 지켜보자."

왜, 우리는 이 회사를 만들었을까

며칠 후 해나는 어머니의 롤로덱스(Rolodex, 미국 제퍼아메리칸(Zephyr American)의 회전식 명함 정리기—옮긴이)를 통해 또 다른 레스토랑 공급업체와 한 건 더 계약을 체결했다. 그녀는 사무실 밖 주차장에 차를 대고 잠시 따뜻한 차 안에 앉아 있었다. 손은 아직 자동차 열쇠를 잡고 있었다. 티비의 설립 취지는 '차를 사랑하는 사람들에게 훌륭한 차를 가져다주는 것'이었다. 썩 근사하진 않을지 몰라도 명확한 취지라고 해나는 생각했다. 차를 레스토랑에 팔든, 레스토랑 공급업체에 팔든 그게 중요할까? 해나는 차 열쇠를 주머니에 넣고 사무실로 향했다.

차 안에 숨어 있기 어렵도록 한 햇볕이 사무실도 따뜻하게 데워놓았다. 해나는 재킷을 벗어 허먼밀러 의자의 등받이 위로 던졌다. 이 의자들과 화이트보드 몇 개는 자금이 바닥난 한 벤처기업의 것이었다. 모든 벤처기업들은 과거에 실패한 회사들의 토대 위에 세워진다. 구글의 사무실들은 한때 넷스케이프의 사무실이었으며 그전에는 실리콘그래픽스의 사무실이었다. 벤처기업을 시작하려면 아주 낙관적이거나, 아니면 벤처기업으로 성공할 확률이 로또에서 1등을 할 확률보다 아주 약간 더 높을 뿐이라는 주장을 깡그리 무시할 정도의 배짱이 있어야 한다. 자신과 잭은 두 가지 면을 조금씩 다 갖추었다고 생각했다.

그녀는 긴 테이블 하나가 놓여 있는 사무실 뒤쪽에서 잭을 발견했다. 그들은 그 테이블에서 다 함께 점심을 먹었고, 하나밖에 없는 회의실이 사용 중이면 거기에서 즉석 회의를 하곤 했다.

잭은 그가 막 고용한 새 디자이너 옆에 서 있었다. 이름이 앤이었던가? 아니, 아냐였다. 잭은 그녀와 좀 더 수월하게 대화를 나눌 수 있도록 구부정하게 몸을 구부리고 서 있었다. 188센티미터의 장신인 그는 165센티미터 정도의 아담한 아냐에 비해 훨씬 더 컸다. 해나가 합류하자 잭은 안도의 숨을 내쉬며 몸을 조금 폈다. 그들 앞에 있는 테이블에는 다양한 색상의 라벨이 붙어 있는 상자들이 여러 개 놓여 있었다.

"해나, 이것 봐봐. 내 생각에 이 파란색은 참 사랑스럽지만 선반에서 눈에 띌 것 같지가 않아. 오렌지색은 더 강렬한데 별로 구미가 당기는 색은 아닌 것 같고, 그렇지 않아? 파란색은

심하게 신뢰감을 주지."

잭은 색감에 대해서라면 몇 시간도 이야기할 수 있을 것 같았다. 서체까지 포함하면 반나절은 그냥 날려버릴 수도 있을 것이다. 해나는 잭이 왜 그래픽 디자이너를 고용해야 한다고 우겼는지 도무지 이해할 수 없었다. 잭 본인이 충분히 잘 알고 있는 것 같은데 말이다. 하지만 그는 그 분야는 자신의 장기가 아니라고 주장했고, 결국 해나는 두 손을 들고 말았다. 아냐는 짙은 붉은색 상자를 고집했다. 해나가 말했다.

"음, 그래. 짙은 붉은색이 멋있네. 두 사람이 이 문제는 알아서 잘 해낼 거라고 믿어. 잭, 네게 알려줄 게 있는데 오늘 브라이트워터 서플라이즈(Brightwater Supplies)와 계약을 맺었어. 이들이 머데스토에서 프레즈노까지 맡을 거야."

잭은 이마를 찡그렸다.

"프레즈노는…, 북부지?"

해나는 큰 소리로 웃었다.

"남부지! 다음번에 실리콘밸리에 갈 때는 너도 꼭 같이 가야겠어."

그녀는 포장재 모형들을 한쪽으로 밀어놓고 계약서를 잭 앞에 올려놓았다. 그리고 거의 어루만지듯 쓰다듬으며 계약서를

평평하게 폈다. 잭은 계약서를 살펴봤다. 숫자들이 인상적이었
다. 지금까지 체결한 어떤 계약보다 더 큰 숫자였다.

"여기, 이 부분 좀 봐."

잭은 계약서에서 줄이 찍찍 그어져 지워지고 새로 뭐라고 쓰
인 부분을 손가락으로 두드렸다.

"웹사이트를 사용하지 않는다니, 이게 무슨 소리야?"

"자기들한테 너무 과한 일이래."

"말도 안 돼! 난 웹사이트 성능 시험까지 마쳤다고."

"그 사람들이 웹사이트를 봤는데 별로 좋아하지 않았어. 흥
분하지 마. 몇 주 후에 점검하러 갈 거니까 그때 나하고 같이 가
서 그 사람들을 만나봐. 내가 그냥 혼자 주문들을 기입할 테니
까 그동안 넌 어떤 부분들을 바꿔야 할지 알아봐. 에릭이 응용
프로그램 인터페이스를 만들어서 그 사람들이 그걸 자신들의
시스템에 통합할 수 있도록 하는 건 어때? 이곳은 정기적으로
엄청난 양의 차를 주문해."

잭은 납득이 안 된다는 표정이었다. 해나는 숨을 깊이 들이
쉬었다.

"잭, 엄청난 금액이야. 난 이 일을 할 거야. 다시 하던 일 해.
조바심 내지 말고."

Objective
Key
Results

기분이 상한 해나는 차를 우리기 위해 성큼성큼 탕비실로 향했다. 해나는 잭이 기뻐할 줄 알았다. 이 계약은 말 그대로 돈이었다. 그냥 돈이 아니라 정기적이고 엄청난 액수의 돈이었다. 하지만 잭은 마치 그녀가 식료품을 잔뜩 사들고 왔는데 제일 중요한 우유를 빠뜨리고 온 것처럼 굴었다.

　　그렇지만 탕비실에 들어서자마자 기분이 조금 나아졌다. 이곳은 생산자들에게서 받은 차 샘플들로 가득했고, 언제나 선택지가 너무 많아 고민스러웠다. 해나는 지난주에 방문했던 워싱턴의 한 농장에서 받아온 녹차 샘플 더미를 뒤졌다. 눈을 감고 찻잎이 든 주머니에 코를 밀착한 후 차의 향을 들이마셨다. 하이킹을 할 때 발밑에서 으스러지는 마른 풀들의 향처럼 달콤한 향내가 났다. 그 순간 그녀는 자신이 혼자가 아니라는 사실을 깨달았다.

　　"앗, 이거 당황스럽네."

　　돌아서서 잭을 보며 해나가 말했다. 잭은 손을 저었다.

　　"아, 뭐 어때. 우리 모두 그렇게 하는데. 텐조(Tenzo) 농장 게 최고야."

　　그는 전기포트의 스위치를 켜고 선반에서 머그잔 하나를 꺼냈다. 그리고 카운터에 기대서서 팔을 가슴 위로 꼬았다.

"솔직히 이 사람들과 잘할 수 있을지 모르겠어."

"이 사람들?"

"공급업체들 말이야. 그들은 별 세 개짜리 레스토랑에 립톤 티를 납품한다고. 그들은 상관 안 해."

"난 그건 잘 모르겠어. 그들은 레스토랑들이 원하는 걸 납품하는 것뿐이야. 난 그들을 만나서 훌륭한 레스토랑들은 훌륭한 차를 원한다고 설득하고 있어. 이건 단지 티비의 고객을 개발하는 일이야."

"벤처기업의 핵심은 올바른 방식으로 일하는 거야. 월등한 상품을 눈에 띄게 포장해서 탁월한 고객에게 파는 거지. 모두가 해오던 방식으로 일하지 않는 거라고."

"내 생각에 벤처기업의 핵심은 꼭 맞는 상품과 시장을 찾아서 회사를 성장시키고 그 회사에 의존하는 사람들에게 이익을 돌려주는 거야."

포트에 불이 꺼지자 잭은 물을 따랐다.

"그래, 교과서에 그렇게 쓰여 있지. 쓰레기를 팔면 그걸 팔 수 있는지는 문제가 아니지."

그는 다음에 할 말에 힘을 주기 위해 잠시 머그잔 안에서 티 볼을 빙빙 돌렸다.

"이건 우리가 변화를 일으킬 기회야. 우리는 놀라운 경험들을 훨씬 더 놀랍게 만들 수 있어. 네가 수익을 걱정하는 건 알아. 단지 우리에게 제일 중요한 게 뭔지 잊지 마."

잭은 해나의 답을 기다리지 않고 성큼성큼 걸어서 부엌에서 나갔다. 계약을 더 많이 성사시키지 못하면 자금이 바닥나기까지 10개월 정도 남았다는 사실이 해나의 머릿속을 맴돌았다. 차가 훌륭하고 자금이 충분하다면 대체 무엇이 문제일까?

'피벗'이라는 전략

몇 주 후 해나는 잭을 회의실로 잡아당겼다. 특별할 것이라곤 없는 방이었다. 신발 상자 같은 비율에 건물 주인이 좋아하는 듯한 탁한 흰색으로 페인트칠되어 있고, 네 벽면 중 세 면에는 이전 세입자들이 남겨놓은 메모 자국들로 엉망인 오래된 화이트보드들이 걸려 있었다.

해나는 그 방의 형광등 빛이 조금 거슬렸지만 최소한 깜박거리지는 않아서 다행이었다. 학부를 마치고 대학원에 진학하기 전 2년 동안 컨설팅 일을 하면서 딱 이 방과 같은 방들에서 지냈다. 그녀는 전등이 깜박거리는 방들을 견딜 수 없었다. 전등만 짜증 나는 게 아니라, 그 전등의 주인이 너무 태만하거나 그런 것들에 무심하다는 신호라는 게 더 힘들었기 때문이다. 그녀는 깜박거리는 등을 불운의 조짐으로 여겼다.

회의실에 들어서니 이미 수석 프로그래머 에릭이 자리를 차지하고 있었다. 그는 창문 없는 방에 처박혀 프로그램 코드를 만드는 것을 좋아했다.

"에릭, 우리가 이 방을 좀 써야겠어."

"잠깐만…."

에릭은 랩톱 컴퓨터에서 그의 옅은 갈색 머리를 들어 올리지 않았다. 잭보다 키는 더 크지만 훨씬 더 마른 그의 몸은 은색의 컴퓨터 위로 마치 물음표 모양처럼 굽어 있었다.

"에릭, 나가줘."

잭이 무섭지는 않지만 단호한 어투로 말했다.

"알았어, 나간다고. 지금 일어서는 중이야. 걷고 있어."

에릭은 랩톱을 한쪽 팔 위에 올려놓은 채 균형을 잡고 이따금 자판을 두드리면서 일어섰다. 그는 화면에서 눈도 떼지 않고 문 밖으로 사라졌다.

"쟤는 왜 여기에 숨어 있는 거야?"

해나는 약간 짜증이 났다. 그녀는 자신이 막 꺼내려고 하는 말을 잭이 눈치챘기를 바랐다. 하지만 그러지 못했을 것이라는 좋지 않은 느낌이 들었고, 설령 그가 알아챘다고 해도 그 생각을 별로 좋아하지 않을 것이라는 감이 왔다.

"에릭은 집중을 해야 하니까. 어쨌든 뛰어난 친구고. 아직 우리는 CTO가 없잖아."

잭이 어깨를 으쓱하며 말했다. 이 말을 듣자 해나는 또 다른 문제가 떠올랐다. 엄밀히 따지자면 CTO를 구하는 일은 잭이 할 일이었다. 하지만 그녀가 보기에 잭은 디자인에 관한 것이 아니라면 회사의 어떤 부분에도 관심이 없는 것 같았다. 그녀는 CTO를 구하는 문제까지 자신의 해야 할 일 목록에 추가해야 하는지 의문이 들었다.

해나는 아랫입술을 깨물었다. 그들은 기다란 회의 테이블의 한쪽 끝에서 의자를 끌어당겨 앉았다. 그 테이블은 어느 주말에 잭, 에릭, 그리고 프런트엔드 개발자 카메론이 이케아의 원목 주방 카운터 두 개를 조립해서 만든 작품이다. 저렴한 비용으로 꽤 근사한 테이블의 모습을 갖췄지만 불행히도 아직 완성하지 못했고 무엇이든 흘리면 영원히 자국이 남는다는 게 문제였다. 해나는 손가락으로 커피 자국 하나를 문지르면서 지금 자신이 생각하고 있는 것을 어떻게 설명할까 궁리했다. 커피 자국은 사라지지 않았다.

잭은 가만히 기다리고 있었다. 그는 침묵을 잘 견뎠다.

"잭, 최근에 나는 레스토랑 공급업체 몇 곳에 차를 팔았어."

해나는 잠시 말을 멈췄다. 잭은 가슴 위로 팔짱을 꼈다. '좋아, 그리 쉽게 풀리지는 않겠군.' 해나는 생각했다.

"각각의 매출은 레스토랑 열 군데, 아니 스무 군데와 계약을 맺은 것과 같아. 왜냐하면 그게 바로 그 공급업체들이 거래하는 레스토랑 숫자거든. 최근 우리는 아라맥스에 차를 많이 보내고 있어. 그건 아라맥스가 차 생산자들에게 엄청난 매상을 올려주고 있다는 뜻이지. 제퍼슨 서플라이즈는 주문을 두 배로 늘렸어. 일이 아주 잘 되어가고 있어. 텐조는 직원을 늘리는 것까지 고려하고 있고!"

잭을 바라보니 표정이 점점 더 굳어가고 있었다. 해나는 자신이 무슨 말을 할지 잭이 딱 알아맞혀주기를 바랐다. 그러지 못한다면 잭은 그 말을 좋아하지 않을 것이기 때문이다. 결국 해나는 작심했다. '어쩔 수 없지, 그냥 말하는 수밖에.'

"이게 훨씬 더 나은 장사야. 매출 주기(sales cycle)는 똑같이 길지만, 공급업체들은 우리와 거래할 의향이 있어. 회의를 열 번씩 하고 우리가 좀 더 오래 살아남으면 그때 다시 오기를 바라는 레스토랑들이나 카페들과는 다르다고. 우리에게 필요한 증거를 얻은 것 같아. 내 생각엔 지금이 작전을 변경할 때야."

해나와 잭은 기업가 양성 과정 수업에서 원래 계획은 바꾸지 않으면서 작전을 변경하는 '피벗(pivot)'이라는 전략을 배웠다. 해나는 바로 지금이야말로 피벗을 실행할 때라는 느낌이 강하게 들었다. 그들은 여전히 훌륭한 차를 소비자들의 손에 전해 줄 수 있다. 단지 이미 존재하고 있는 관계들을 이용해 레스토랑 공급업체들이 그 일을 하게 만드는 것뿐이다.

잭은 초조한 듯 발꿈치 쪽에 체중을 싣고 의자에 기대었다.

"그래, 매출 주기는 알겠어. 하지만 레스토랑 공급업체들이 생산자들을 관행으로 물들이고 그다음에는 가격을 낮추라고 압박하지 않을 거라는 확신이 서지 않아. 공급업체들이 차 생산자들에게 품질을 낮추라고 강요하면 어떡해? 그래서 결국 쓰레기 같은 차를 생산한다면?"

"지금 있는 문제들을 해결하자. 상상하는 문제들 말고."

해나는 잭을 꾸짖었다. 어머니로부터 백번도 더 들었던 말인데 지금 자신이 이 말을 하고 있다는 사실에 그녀는 웃음이 나왔다.

"잭, 이 방법은 효과가 있어. 우리는 차 생산자들에게 돈을 벌어주고 있어. 우리도 막 돈을 벌기 시작하는 참이고. 공급업체들도 우리에게 의존하게 될 거야. 서로 이익이 되면 그들은 우리의 가치관에 벗어나는 일을 하라고 강요할 수 없어."

잭은 동작을 멈추고 잠시 눈을 감았다. 그의 눈이 꿈을 꾸듯 눈꺼풀 아래에서 움직였다. 이것은 그가 어떤 문제를 처음부터

끝까지 검토해볼 때 하는 행동이었는데, 보통은 디자인 작업에 열중할 때 그렇게 했다. 잠시 후 그는 눈을 뜨더니 말했다.

"상자에는 누구의 상표가 붙게 되지?"

"뭐라고? 그게 걱정이야?"

"상표에 심혈을 기울였어. 상표가 드러나야 해. 랩톱 컴퓨터에 새겨진 인텔처럼 말이야. 그게 인텔이 된 거라고. 숨은 조력자가 되는 걸로 만족할 수는 없어!"

"그 사람들이 포장에 대해 무슨 생각을 하고 있는지는 모르겠어. 우리에게 바꾸자고 요청한 적은 없어."

"흠, 좋아. 네 뜻을 알겠어."

잭이 말했다. 하지만 어투로 봐서는 진심인지 아닌지 확신할 수 없었다. 해나는 잭이 다음에 할 말을 벼르고 있다는 사실을 눈치챘다.

"네 말처럼 공급업체들에게 초점을 맞추는 쪽으로 방향을 잡는 게 일리가 있을지도 몰라."

이렇게 말은 했지만 그는 이 생각에 대해 주춤하는 모습을 보였다. 다음은 '하지만'이라는 말이 나올 것이다.

"하지만 생각해봐. 너도 모르고, 나도 모르잖아. 이 사람들과 함께 일하는 게 어떨지 말이야."

사실은 해나도 어찌해야 할지 몰랐다. 불분명한 두려움과 모호한 걱정거리들에는 그녀도 반박할 수 없었다. 그때 해나에게 좋은 생각이 떠올랐다.

"짐과 얘기해보자."

짐 프로스트는 그들에게 투자를 해준 첫 번째 은인이었다. 실리콘밸리 전문가인 그는 아주 소수의 회사가 성공하는 것도, 수많은 회사가 사라지는 것도 봐왔다. 그는 지혜롭고 통찰력이 뛰어났다. 해나와 잭이 이 문제를 해결하는 것을 도울 수 있는 사람이 있다면 그건 바로 짐일 터였다. 해나와 잭 두 사람 모두 짐을 신뢰했다. 짐은 그들에게 수석 프로그래머를 소개해주었고 CTO를 찾는 일도 도와주었다. 잭은 앉아서 잠시 그 제안을 생각해보더니 고개를 끄덕였다.

"새로운 시각은 언제나 도움이 되지."

벤처 투자자는 당신의 문제를 알고 있다

짐 프로스트는 스타벅스에서 회의하는 것을 좋아했다. 그는 스타벅스를 사랑했다. 스타벅스의 성공 신화야말로 모든 투자자들이 반할 만한, 무일푼에서 부를 일으킨 이야기가 아닌가? 처음에 스타벅스는 시애틀의 파이크 플레이스 마켓(Pike's Place Market)에서 유럽 스타일의 고품질 커피를 제공하는 자그마한 카페로 시작했다. 이곳의 커피는 당시 커피 한 잔 가격보다 세 배가 더 비쌌다. 대체로 무제한 리필 커피가 1달러 정도였는데, 단일 품종으로 내린 스타벅스의 커피는 한 잔에 3달러나 했다.

스타벅스는 시장을 개발했고 그다음 그 시장을 장악했다. 이제는 거의 모든 거리마다 스타벅스 매장이 있으며, 심지어 비행기 안에서도 스타벅스 커피를 즐길 수 있게 되었다. 짐은 '그때 스타벅스에 투자했더라면 얼마나 좋았을까' 하고 종종 생각했다. 그러면서 차세대 스타벅스를 일으킬 사업가를 만나기를 고대했다.

짐이 만날 청년들이 카운터에서 에스프레소를 받아 쥐고 다가왔다. 그는 일어서서 그들에게 손짓을 했다. 젊은 창업자 두 명이 자리에 앉았다. 인도인 댄은 날씬하고 젊은 청년이었으며, 붉은 빛이 도는 금발 머리에 주근깨가 있는 프레드는 도리토스와 콜라로 뱃살이 두둑해진 청년이었다.

짐은 최근에 그들이 시도한 방향 변화에 대한 이야기를 들었다. 18개월 동안 벌써 네 번째 변경이었다. 짐이 처음 자금을 댔을 때 그들은 다이어트 트래킹에 열중하고 있었다. 그러다 고급 건강 메뉴로 눈을 돌렸고, 이제는 건강한 레시피에 초점을 맞추는 중이었다. 이들이 새로 잡은 방향에 대해 신이 난 척 떠드는 동안 짐은 새나오는 한숨을 억눌러야 했다.

"사용자 평가단이 그 사이트를 아주 좋아해요!"

댄이 말을 쏟아냈다. 하지만 그의 목소리에는 진짜 흥분이 없었다. 프레드는 마치 연못 안을 들여다보듯 잔 안의 에스프레소만 뚫어져라 쳐다보고 있었다. 그는 짐과 눈을 마주치려고도 하지 않았다. 두 사람이 처음에 내놓은 아이디어에서 보였던 열정은 무심한 시장에서 침몰하기 직전이었다. 특히 프레드는 다이어트 추적 장치에 사용했던 기술을 사랑했었다. 이제 그 기술은 사라졌고, 그는 관심도 없는 웹사이트 코딩이나 하면서 옴짝달싹 못하는 신세가 되었다. 그는 지쳐 보였다. 그리고 몇 킬로그램은 더 무거워진 것 같았다. 댄은 너무나 정신없이 허둥거렸고, 이제는 그런 태도를 내려놓고 그들이 직면한 문제들을 정직하게 대면해야 할 때라는 사실을 전혀 모르는 듯했다.

'어떤 사업가들은 자금이 바닥나고 어떤 사업가들은 정신이 고갈되지.'

짐은 생각했다. 이들은 둘 다 바닥이 난 것 같았다. 짐은 이 청년들과 자신의 투자금 모두에 작별을 고하며 악수를 나눴다. 어느 팀이든 일단 정신이 고갈되면 더 이상 그들에게 돈을 들일 이유는 없다.

그때 해나의 시빅 자동차가 주차장으로 들어오는 모습이 보였다. 짐은 문득 이 젊은 기업가들이 궁금해졌다. 해나와 잭도 다음 몇 분기 안에 댄과 프레드처럼 될까? 아니면 새로운 스타벅스 사업가가 될까?

회전문 테스트 통과하기

해나와 잭은 짐의 사무실 근처에 있는 한 스타벅스 매장에서 짐을 만나기로 했다.

사실 잭은 스타벅스에서 회의를 할 때마다 울렁증이 일곤 했다. 스타벅스가 있는 그 스트립 몰에는 세이프웨이 슈퍼, 셸오일, 멕시코 식당 하나, 그리고 놀라울 정도로 훌륭한 가이세키 레스토랑까지 있었다. 잭이 보기에 이곳은 실리콘밸리의 이상하고 이해할 수 없는 모든 점을 갖고 있었다. 더 맛 좋은 커피와 훨씬 나은 차를 마실 수 있는 곳이 있는데 왜 벤처 캐피털리스트들은 항상 스타벅스에서 만나자고 할까? 미슐랭 스타 레스토랑을 어째서 이런 스트립 몰에 열었을까? 대체 왜 이렇게 넓은 주차장이 필요하단 말인가? 그는 단 한 번도 그 주차장이 반 이상 찬 것을 본 적이 없었다.

해나는 낡은 시빅 승용차를 앞쪽 빈자리에 가뿐히 세웠다. 그러곤 시동이 웅 소리를 내며 완전히 꺼지기도 전에 서둘러

Objective
Key
Results

차 키를 빼 주머니에 넣은 뒤 밖으로 나왔다. 잭은 의무적으로 그 뒤를 따랐다.

짐의 모습을 보자 잭은 기분이 조금 나아졌다. 짐은 보통 때처럼 매장 뒤쪽 테라스에 앉아 있었다. 50대 후반인 짐은 전에는 인텔의 임원이었고 벤처기업 두 개를 세운 후 앤젤 투자(창업 초기 단계의 벤처기업에 투자하는 개인 투자―옮긴이)로 옮겼다. 그의 주름진 얼굴을 보면 과도한 업무 스트레스보다는 햇볕 좋은 골프장에서 미소 짓는 모습이 더 많이 떠오르곤 했다. 비록 그의 인생은 후자보다 전자가 더 많았을 테지만 말이다.

짐이 일어서서 두 청년과 악수를 나누는 모습이 보였다. 두 사람 모두 똑같은 푸른색 드레스 셔츠에 카키색 바지 차림이었다. '홍보가 끝났나 보군.' 잭은 생각했다. 해나는 잭의 걸음 속도를 늦추기 위해 가볍게 그의 팔을 쳤다.

"난 지금 사교적인 인사를 나눌 기분이 아니야."

해나가 속삭였다. 그들은 다른 청년들이 떠날 때까지 조금 천천히 걸었다. 잭과 해나는 짐에게 인사를 하며 자리에 앉았다. 잭이 앉은 자리에는 여전히 온기가 남아 있었다. 그들은 짐에게 피벗에 대한 질문을 쏟아놓았다. 짐은 뒤로 기대어 앉아서, 손가락으로 더블 에스프레소 잔의 가장자리를 가볍게 따라

만졌다. 그들이 만날 때마다 짐은 언제나 커피를 마시고 있었다. 하지만 그는 방금 요가 강습을 받고 나온 사람처럼 더없이 차분했다.

"내가 인텔에서 일하던 시절, 우리는 어려운 결정에 직면할 때마다 떠올려보는 이야기가 하나 있었지. 1980년대에 일본 회사들이 메모리 분야에서 시장을 장악해가고 있었어. 인텔의 손실이 점점 늘어나면서 내부에서는 어떻게 대처해야 할지 열띤 논쟁이 벌어졌지. 정말 격렬한 논쟁이었다네."

짐은 에스프레소를 한 모금 마신 뒤 말을 이었다.

"어느 날 앤디 그로브와 고든 무어가 다시 그 문제에 대해 이야기를 나누다가, 앤디가 문득 창문 밖 멀리 그레이트 아메리카 놀이공원에서 돌고 있는 페리스 대관람차를 봤다네. 그는 뒤돌아서서 고든에게 물었지. '만일 우리가 잘리고 이사회가 새 CEO를 영입한다면 그 새 CEO는 어떻게 할 것 같은가?' 고든은 망설이지 않고 대답했네. '우리가 메모리에서 손을 떼게 만들겠지.' 앤디는 그 단순하고 명료한 말에 충격을 받아서 말했지. '자네와 내가 문 밖으로 나갔다가 다시 들어오는 걸세. 바로 우리가 그렇게 하면 되지 않겠는가?' 아마 자네들도 그다음 이야기는 알겠지. 그게 인텔을 훨씬 큰 성공으로 이끌었다네. 그 후부터 인텔은 정말 어려운 결정에 부딪히면 항상 그 회 전문 테스트를 이용했지. 역사와 감정의 짐을 지지 않은 다른 사람이라면 어떻게 할까를 생각하는 거라네."

짐은 잠시 말을 멈추고 다시 에스프레소를 한 모금 들이켰다.

"그래서 친구들, 자네들이 만일 새 CEO로 고용된다면 어떻 게 할 텐가?"

잭은 해나를 바라봤다. 하지만 해나는 조용했다. 잭은 그녀 가 무슨 생각을 하고 있는지 알았다.

"네. 진지하게 이 방향을 고려해봐야 할 것 같군요. 큰돈이니 까요. 하지만 전 우리가 이쪽으로 일을 진행하면 품질을 낮추 라는 압력을 받지 않을까 걱정돼요."

짐이 물었다.

"그렇다면 어떻게 될까?"

"안 된다고 말해야겠죠. 자리를 박차고 일어나겠어요."

세 사람은 잠시 말없이 가만히 앉아 있었다.

"저 역시 안 된다고 할 거예요."

해나가 말했다. 잭이 입도 대지 않은 찻잔에서 눈을 들어올 렸다.

"형편없는 제품을 파는 회사를 세우고 싶지는 않거든요. 그런 회사는 장기적으로 절대 성공하지 못해요. 그저 그런 차를 팔고 싶었다면 비글로우에 취직했을 거예요. 아니면 셀레셜 시즈닝스나요. 우리는 세상을 변화시키려고 이 일을 하는 거예요. 그걸 답습하는 게 아니라요."

잭은 그의 찻잔을 들여다보며 중얼거렸다.

"그러니까 말이야. 제길. 그러니까 말이야."

그는 전에도 그 말을 들은 적이 있었다. 그들은 이 이야기를 수백 번은 나눴다. 하지만 돈 문제가 연관되면 해나가 그 원칙을 고수할 것인가?

해나는 미소를 지으며 말했다.

"잭, 우리는 차를 마시는 걸 좋아하는 사람들에게 훌륭한 차를 제공하기 위해 여기에 있는 거야! 그런 차가 시들어서 창고에서 구역질나게 망가져버리지 않게 말이야. 지금 네가 받은 차처럼."

해나는 잭의 잔을 가리켰다. 잭은 자신의 찻잔을 바라보고, 다시 해나를 바라보며 짧게 미소 지었다. 이렇게 말할 때면 해나는 꼭 누나 같았다. 하지만 해나는 경영학 석사였다. 잭과 같은 디자이너나 엔지니어들은 경영학을 전공한 이들이 사용하는 기이한 용어들, 예를 들면 투자금 회수(Exits)라든지, 가치 극

대화(Maximizing Value) 같은 말들을 비웃곤 했다. 이들이 말하는 '가치'란 언제나 돈을 뜻하는 암호라고 잭은 생각했다. 그러나 돈은 그가 가치를 생각할 때 떠올리는 단어가 아니었다. 잭이 드디어 입을 열었다.

"별로 고민도 하지 않다가 어려운 제품/시장 적합성(product/market fit)을 찾아낸 것 같네. 내가 새 CEO라면 피벗을 시도해보는 데 동의할 것 같아."

해나의 어깨에서 눈에 보일 정도로 긴장이 풀리는 것이 보였다. 짐이 말을 꺼냈다.

"좋았어. 팀원들이 좀 거부감을 보여도 놀라지 말게. 흔한 일이니까. 일이 제대로 굴러가려면 자네들도 OKR을 사용하면 좋을 것 같군."

젊은 기업가 두 명은 무슨 소리인지 모르겠다는 멍한 눈빛을 보냈다.

"OKR은 목표 및 핵심 결과지표를 뜻하는 말이라네. 내 회사들 대부분이 목표에 집중하고 팀 성과를 높이기 위해 이 방법을 사용한다네. 분기마다 대범하고 수준 높은 목표를 세우고 그 목표를 달성했는지 알 수 있게 해주는 양적인 결과지표를 세 가지 정하는 거지. 자네들의 회사에 걸맞은 훌륭한 목표 한 가지는 뭐라고 생각하나? 뭔가 어렵지만 3개월 안에 달성 가능한 목표 말이네."

"우리의 가치를 레스토랑 공급업체들에게 증명하는 거요."

해나가 재빨리 대답하자 잭도 빠르게 그녀의 말을 잘랐다.

"네가 말하는 가치라는 게 어떤 의미야?"

"우리가 그들의 사업에 도움이 되는 월등한 상품을 공급할 수 있다는 걸 보여주는 거지."

잭이 말을 멈추고 고개를 끄덕였다. 월등한 상품, 맞는 말이었다.

"그럼 자네들이 목표를 이뤘다는 것을 어떻게 알 수 있지?"

짐의 질문에 두 사람은 우물쭈물했다. 수익에 기초한 핵심결과지표를 찾는 일은 어렵지 않다. 하지만 공급업체들에게 티비의 가치를 입증하는 구체적인 방법을 생각해내기란 쉽지 않았다. 잭이 먼저 말을 꺼냈다.

"흥정 금지? 내 말은, 상품이 그렇게 훌륭하다면 그들이 값을 흥정하려고 하지 않을 테니까."

해나는 그 말에 눈을 굴렸다.

"이봐, 잭. 흥정은 그냥 사업의 일부야. 가장 좋은 가격을 얻는 데 네 생계가 달려 있다고. 만일 우리 엄마가 흥정을 하지 않았다면 지금쯤 엄마의 가게가 망하지는 않았는지 확인해봐야 했을걸. 유지율을 측정해보는 방법은 어떨까? 말하자면 재주문율 30퍼센트 같은 것?"

"OKR은 어려운 목표여야 하네. 성공 확률이 50 대 50 정도인 것 말일세. 팀 전체가 스스로 몰아붙이도록 만드는 거지. 자네들의 투자자로서, 자네들이 고작 30퍼센트 유지를 목표로 한다면 나는 좀 걱정스러운걸."

짐의 이 말은 그가 단지 친구가 아니라는 사실을 상기시키면서 해나와 잭의 정신을 번쩍 들게 했다. 짐 역시 이 사업에 엄연히 발을 담그고 있는 사람이다. 잭이 끼어들었다.

"100퍼센트 재주문!"

"그게 가능한가? 팀이 절대로 달성할 수 없다는 것을 알면서 그런 목표를 세우면 기분이 상할 수 있지."

"제 생각에 70퍼센트는 가능해요. 지금까지는 모두가 재계약을 했거든요. 비록 제가 설득해서 그렇게 한 거지만요."

해나의 대답에 잭이 끼어들었다.

"난 가능하면 그렇게 설득하는 걸 멈췄으면 좋겠어. 우리에게는 웹사이트가 있잖아. 웹사이트를 통해 그들이 직접 주문을 할 수 있지 않을까?"

"그 사람들은 그 웹사이트를 이용할 수 없어. 그건 그들의 편의에 맞게 만들어지지 않았어."

"음, 그렇다면 웹사이트를 수정하는 데도 OKR을 좀 투입해야겠네."

그때 짐과 약속한 또 다른 이들이 나타났다. 그는 해나와 잭이 세부 사항을 고민하도록 내버려둔 채 조용히 다른 테이블로 옮겼다.

해나와 잭은 오후 늦게까지 그들이 세워야 할 목표와 방법들에 대해 논의했다. 태양은 이미 건물 뒤로 넘어갔고, 차는 얼음처럼 차갑게 식어 있었다. 하지만 그들은 서로 동의할 수 있는 진짜 목표들을 찾았다. 그리고 그 목표를 마음속에 품고 각자 집으로 돌아갔다. 오늘밤 그들은 잠자리에 누워서 그 목표들을 곱씹어볼 것이다.

OKR을 처음 시작할 때 겪는 문제들

이튿날 아침, 사무실에서 두 사람은 기문홍차 주전자를 가운데 두고 전날 정했던 OKR을 다시 검토했다. 그것은 달성하기 어려워 보였지만 제대로 정한 것처럼 보이기도 했다.

해나와 잭은 팀원 모두를 회의실로 불렀다. 해나는 회의실 앞쪽에 섰다. 기업가 양성 수업에서 매주 연습을 했었는데도 여전히 사람들 앞에서 말하는 것이 어색했다. 프로그래머 세 명이 모두 랩톱을 펼친 채 나란히 앉았다. 디자이너 아냐는 스케치북에 그림을 그릴 때처럼 풍성한 머리카락 속에 얼굴을 숨기고 있었다. CFO 나오코는 최근 매출 실적들을 인쇄한 종이 파일에 한 손을 가볍게 올리고 조용히 앉아 있었다. 이들의 미래가 잭과 자신에게 걸려 있다는 사실을 생각하자 해나는 더욱 긴장되었다. '부담 갖지 말자, 알겠지?' 속으로 다짐하며 심호흡을 하고 요가 선생님이 알려주었던 방법대로 발가락까지 숨을 보내려고 노력했다.

"자, 여러분."

해나는 용기를 얻기 위해 직원들의 얼굴을 바라봤다. 그녀가 볼 수 있는 얼굴들은 몇 되지 않았지만 말이다. 수석 프로그래머 에릭은 해나가 일어서자 잠깐 랩톱에서 눈을 들어 그녀를 바라봤지만 카메론과 셰릴은 작업 중인 코드에 눈을 고정하고 있었다. 옆에 앉아 있던 잭이 해나를 향해 미소를 지으며 어서 시작하라고 고개를 끄덕였다.

"모두에게 이야기할 게 있어. 우리는 작지만 중요한 작전 변경을 할 거야. 이제부터 우리는 오로지 레스토랑 공급업체들에게 판매하는 데만 집중하려고 해."

그녀는 최근에 있었던 일들과 나오코가 전해준 실적들을 직원들에게 상세히 설명했다. 잭이 끼어들었다.

"그래도 우리는 여전히 정직한 소규모 생산자들로부터 훌륭한 차를 가져다가 고급 레스토랑들에 공급할 거야. 더욱 효과적이고 수익성이 좋은 접근법을 찾은 거지."

몇 명은 표정이 언짢아 보였다. 특히 에릭은 기분이 몹시 상한 것 같았다. 처음으로 그는 랩톱에서 고개를 들어올렸다.

"말도 안 돼. 이 회사는 농장들과 작은 회사들을 도우려고 시작했잖아! 그게 바로 내가 합류한 이유라고."

중서부 출신인 에릭은 버클리대학교에 진학하기 위해 캘리포니아에 왔다가 캔자스의 혹독한 겨울을 피하고 싶어 눌러앉은 경우였다.

"이런 공급업체들은 대기업이 만드는 차를 팔지, 생산자는 신경 쓰지 않는다고! 오로지 수익만 생각한단 말이지."

"우리가 그들의 이익을 지켜줄 수 있어. 우리는 새로운 고객들을 찾으면서 생산자들이 제대로 된 가격을 받을 수 있도록 확실히 할 거야."

잭이 답했다. 옆에서 보던 해나도 끼어들었다.

"게다가 생산자들 대부분은 레스토랑 공급업체들의 관심을 끌 만큼 규모가 크지 않고 지속적으로 공급할 물량도 없어. 레스토랑들과 이야기해보니까 지속적으로 공급할 수 있는지를 제일 걱정하더라고. 그리고 공급업체들은 이 소규모 생산자들의 규모가 너무 작아서 그들의 노력이 빛을 보지 못한다고 생각하고 있었어. 우리가 생산자들의 상품을 모두 모아서 제안하기 전까지는 말이야. 최소한 우리는 언제나 훌륭한 녹차와 홍차를 제공할 수 있어."

잭이 해나의 말을 이어 받았다.

"차 생산자들은 차를 더 많이 팔 수 있어. 더 좋은 건 그들이 얼마나 팔 수 있는지 예측할 수 있고 언제 직원을 더 고용할지, 심지어 사업을 확장할지도 알 수 있다는 거지. 이건 모두에게 정말로 큰 이득이 될 거야."

잭이 마무리했다.

마침내 팀원들은 작전 변경의 의도를 이해하는 듯했다. 하지만 해나는 에릭이 할 말을 참고 있는 듯 손을 동그랗게 모아 입을 가리고 있는 것을 알아챘다. 그의 머릿속에서 무슨 생각이 오가고 있는지 궁금했다. 해나는 화이트보드에 비즈니스 모델 캔버스 하나를 그렸다.

"자, 이 변화가 어떤 의미인지 논의해보자. 우리는 지금 새로운 고객을 받아들일 것인가 고민하고 있어. 바로 레스토랑 공급업체들이야. 이건 약간의 변화를 뜻해. 우리는 영업사원을 좀 뽑아야 하고 고객서비스팀도 신설해야 할 거야. 지금까지 매출은 잭의 영업 능력과 내 발품에서 나왔어."

잭이 영업을 싫어한다는 사실은 모두가 알고 있는 터여서 해나가 이렇게 말하자 몇 번 웃음이 터져 나왔다. 잭은 수다 떨기를 좋아하고 가끔 새로운 고객을 발굴하긴 했지만 사실 계약을 체결하고 가격을 협상하고 계약서에 서명을 하도록 만드는 것은 모두 해나의 일이었다.

"모두가 자신이 하고 있는 일을 잘 알고 있어야 해. 이제 모든 매출은 백 단위가 아니라 천 단위가 될 거야. 티비의 거래 규모는 아주 커질 거야."

이후 그들은 OKR의 실행 과정에 대해 이야기를 나눴다. 해나는 화이트보드 위쪽에 첫 번째 OKR을 쓰면서 회의를 이어나갔다.

목표: 레스토랑 공급업체들에게 고품질의 차 제공자라는 인식 심어주기

핵심 결과지표 1: 재주문율 70%

핵심 결과지표 2: 직접 재주문 50%

핵심 결과지표 3: 수익 250,000달러

그다음 아래쪽에 또 다른 OKR을 적었다.

목표: 레스토랑 공급업체들이 직접 주문할 수 있는 유용한 플랫폼 생성

핵심 결과지표 1: 온라인으로 80% 재주문

핵심 결과지표 2: 만족도 10점 만점에 8점

핵심 결과지표 3: 전화 문의 50% 감소

그런 다음 해나는 '목표: 유능한 영업팀 신설'과 그에 맞는 핵심 결과지표들, '목표: 즉각 반응하는 고객서비스 방법 구상'과 세 가지 핵심 결과지표를 덧붙였다. 그들은 이 목표들을 달성할 수 있을지 의견을 나눴고, 토의 끝에 재주문율을 60퍼센트로 낮췄다.

"어쨌든 다음 분기에는 수치들을 올릴 수 있으니까, 그렇지?"

에릭이 말했다. 대화가 막바지에 이를 즈음 카메론이 손을 들었다.

"하지만 지금 있는 고객들은 어쩌지? 레스토랑들 말이야."

"아, 그 레스토랑들은 유지할 수 있어."

잭이 말했다. 해나는 고개를 휙 돌렸다. 그럴 수 있을까? 해나는 잭의 말에 반대하려고 입을 열었다가 그만두었다. 그들은 이미 팀원들에게 너무 많은 전략을 소개했다. 그리고 그들이 직접 밖으로 나가서 새로운 레스토랑들에 판매를 하는 것도 아니었다. 아마도 이 문제는 나중에 다시 잭과 이야기할 수 있을 것이며, 점차적으로 레스토랑들과의 관계를 정리하는 계획을 세울 수도 있을 것이다. 해나는 충돌을 피하려는 게 아니었다. 단지 어떤 싸움을 벌일지 고르고 있는 것뿐이었다.

당신의 집중을 방해하는 것

해나는 공급업체들의 주문을 입력하다가 책상 옆에 누군가 서 있는 느낌을 받았다. 위를 올려다봤더니 잭이 코트를 입은 채 상자 몇 개를 들고 서 있었다. 잭이 물었다.

"준비 다 되어가?"

"무슨 준비?"

"시음회 말이야. 엑스플라이트 협업 공간에서 열리는 거, 알지? 우리 지금 가야 해. 아니면 길이 꽉 막혀서 피해가 막심할 거야."

해나는 숫자에서 단어로 생각을 옮기며 잭을 바라봤다.

"잭, 나는 이 숫자들을 마저 입력해야 해. 다 못 하면 시스토보레(Systovore)는 주문한 차를 받지 못할 거야."

"대체 그 사람들은 왜 웹사이트를 이용하지 않는 거야?"

"우리 이 문제에 대해 이야기했었잖아. 그 사이트는 주문을 10단위로만 더해서 넣을 수 있어. 그들의 주문량을 생각해봐.

한 건을 주문하기 위해 80번씩 입력해야 한다고! 그걸 일일이 입력하다가는 화가 나서 돌아버릴걸. 사이트를 고치든가, 내가 이걸 끝내도록 내버려두든가 해."

"차에서 기다릴게."

"밖은 35도야. 차 안은 찜통일걸!"

"그럼, 내가 더위에 죽지 않게 해줘. 늦는 건 정말 싫어."

잭은 중얼거리며 상자들을 들고 성큼성큼 나가버렸다. 해나는 속이 끓어올랐지만 이내 파일을 닫고 밖으로 향했다.

그들은 여유 있게 도착했고 차 샘플들을 진열할 시간이 충분했다. 엑스플라이트는 대표적인 협업 공간이었다. 옥외의 위층 공간에 작은 벤처기업 여섯 곳이 자리했고, 각 기업에서 서너 명의 사람들이 나와 있었다. 책상들은 이케아 제품으로 보였지만 의자들은 늘 그렇듯 값비싼 허먼밀러 제품이었다. 중앙에는 주방이 하나 있고 전자레인지 두 대와 정수기가 한 대 있었다. 유명 상표의 커피 머그잔과 식품 저장용 유리병 등 유리그릇들도 준비돼 있었다.

"우리 주전자와 찻잔을 가지고 와서 다행이야. 아무도 진짜 품질에 대해서는 신경 쓰지 않는 것 않군. 그저 여기에 참여해서 멋져 보이는 데만 신경 쓸 뿐이지."

잭이 즐거운 듯 재잘거렸다. 해나는 이곳까지 운전해서 오는 길 내내 디스코 음악을 쾅쾅 울리도록 틀고 와서인지 기분이 좀 나아졌다. 그녀는 어머니가 도매로 구입한 작은 유리 찻잔들을 정리하면서 〈카 워시(Car Wash)〉를 콧노래로 흥얼거렸다. 이 시음회 딱 한 번만 참여하고 잭에게 더 이상 시음회는 없다고 선언할 생각이었다. 잭은 그 공간의 총책임자와 요란하게 대화를 나누고 있었다. 해나를 위해 귀찮은 일을 자처한 듯했다. 선천적으로 내성적인 해나는 생존을 위한 일이 아닌 이상 사교적인 대화는 하고 싶지 않았다.

이전에 커피숍과 베이커리 두어 곳에서 했던 시음회들처럼, 오늘 저녁도 큰 문제 없이 잘 흘러가고 있었다. 잭은 사람들에게 모든 차를 마셔보게 하고 그곳에 있는 사람들 전부와 이야기를 나눴다. 해나는 한 여행 애플리케이션 업체 CEO를 만나 그들이 투자 요청을 했었던 앤젤 투자자들에 대한 정보를 교환했다.

8시 즈음, 공간을 임대했던 이들은 코드 작업을 하러 책상으로 돌아가거나 식사를 하기 위해 자리를 떠났다. 해나도 짐을 쌌다. 사교적인 대화도 그랬지만, 돌아가는 길에 운전할 생각을 하니 몹시 피곤했다. 그 순간 입력해야 할 주문이 한 건 더 있다는 사실까지 떠올랐다. 해나는 한숨을 깊이 들이쉬고 찻잔이 든 상자를 바닥에 내려놓았다.

"잭."

"응?"

"우리, 이걸 왜 한 거지?"

"방금 전에 이곳 관리자와 계약을 한 건 맺었잖아. 일주일에 거의 7킬로그램씩이야! 그리고 우리 상표가 포장재에 붙을 거고. 아마도 인지도 형성에 큰 도움이 될 거야."

"어떤 인지도? 레스토랑 공급업체들이 이곳 주방을 돌아다니지는 않잖아. 그들이 우리의 고객이야."

"글쎄, 벤처 투자자가 올지도 모르지. 어쨌든 판매를 한 건 올렸어."

"협업 공간에 한 건! 그건 우리의 목표가 아니야!"

"그들은 웹사이트에서 직접 주문을 할 수도 있어. 대체 뭐가 불만이야?"

"나는 매일매일 더 많은 주문을 입력하고 있어. 넌 '상품'을 관리하잖아. 그러니까 상품을 고쳐!"

"그건 나중에 해도 되는 일이라고!"

"그게 네가 발뺌하는 기술이니?"

"아니야. 젠장. 아니라고."

잭은 뒤로 물러섰다. 해나의 분노에 당황해서 어쩔 줄 몰랐다. 그럴 만도 했다. 그들은 한 번도 싸운 적이 없었다. 그들은 싸움을 좋아하지 않았다. 어쨌든 해나도 싸움을 좋아하지 않았고, 지금 싸우고 싶지도 않았다. 잭이 먼저 백기를 들었다.

"난 그냥 오늘 택시 타고 집에 갈게. 그럼 넌 더 빨리 집에 갈 수 있겠지."

"아니야, 잭. 택시를 부르기 전에 내게 한 가지 약속을 해야 해. 더 이상 시음회는 없어. 우리는 이미 OKR을 정했잖아. 이런 시음회는 OKR에서 어떤 사항도 진척시키지 못해. 시간 낭비일 뿐이야."

잭은 머뭇거렸다. 그는 양손을 주머니에 쑤셔 넣었다가 누가 꾸짖기라도 한 듯 다시 손을 빼냈다. 그리고 한결 누그러진 목소리로 말했다. 그의 목소리엔 희미한 의혹의 기운이 스며 있었다.

"해나, 이런 행사도 유용해. 네트워킹도 필요하다고."

"아니, 그런 것 같지 않아."

그러자 갑자기 잭의 태도가 밝아졌다.

"아, 너 그 몬테레이 녀석들의 판매 전화 때문에 심란하구나.

걱정 마! 내가 같이 할게! 모두 좋은 사람들이라고! 어서 가! 긴장 좀 풀고, 가서 좀 자."

잭은 해나의 팔에서 상자를 빼앗아 들고 문 밖으로 나갔다. 해나는 기가 막혀 입이 떡 벌어졌다. 잭은 해나가 염려하는 것들을 완전히 묵살해버렸다. 긴장을 풀라고? 해나는 긴장을 풀수 없었다. 분명 잠도 잘 수 없을 것이다. 컴퓨터에 입력해야하는 20가지 차 주문 때문이 아니다.

수익과 품질

잭은 오전 늦게 사무실에 도착했다. 그는 사무실 뒤쪽에 있는 자전거 보관대에 천천히 자전거 자물쇠를 채웠다. 해나는 아침형 인간이었고, 잭은 전날 밤의 싸움을 재탕하고 싶지 않았다. 해나가 사과를 하고 그의 마음이 불편해지거나, 아니면 그가 사과를 해야 할 터였다. 사과를 해도 해나가 용서하지 않으면 어쩌지? 어쨌든 이러나저러나 기분이 좋지 않을 상황이었다. 잭은 그저 훌륭한 제품을 만드는 훌륭한 회사를 운영하고 싶을 뿐이었다.

그는 좋아했던 상품 디자인들이 시간이 흐르면서 망가지는 모습을 아주 많이 봤다. 그가 사랑하는 스마트폰조차도 이제는 주머니 속에서 크고 거추장스럽게 느껴졌다. 한때는 소유 자체가 기쁨이었는데 말이다. 어느 여름이었다. 잭은 늘 동경해왔던 회사에서 일하고 있었다. 그런데 이 회사의 제품 책임자들과 경영진은 수익을 더 빨리 내기 위해 품질을 저버렸다. 그때 그는 왜 모든 것이 점점 더 나빠지는지 알았다. 바로 돈 때문이었다. 모든 경영진은 분기 말까지 성장을 강요한다. 그래야 보너스를 두둑이 챙길 수 있기 때문이다. 회사의 명성이나 고객 경험 따위는 신경 쓰지 않는다!

그때 잭은 품질을 지키고 비전을 유지하는 유일한 길은 자신이 직접 회사를 세우는 것이라고 결심했다. 그러나 이제 그는 스스로 경멸했던 그런 경영진이 되기를 강요받고 있었다. 처음에 그가 세웠던 원칙들을 포기해야 할지도 모른다는 걱정이 들었다.

어쩌면 잭은 그저 해나에게 시음회에서 그들의 제품을 선보이는 게 왜 그렇게 중요한지를 설명해야 하는 건지도 모른다. 강력한 브랜드는 강력한 입소문을 내고, 강력한 입소문은 사람들이 그들의 차를 산다는 뜻이다! 시음회를 하다 보면 사람들은 티비가 얼마나 훌륭한 회사인지 이해할 것이며 돈은 저절로 들어올 것이다. 그게 그가 하려던 일이고 그는 이것을 설명해야 한다. 해나는 이해할 것이다. 해나 역시 차를 사랑하는 사람이 아닌가?

사무실 안으로 들어오자마자 잭은 해나의 의자가 비어 있는 것을 발견했다. 해나가 차를 팔러 밖에 나갔다는 뜻이었다. 긴장이 풀렸다. 잭은 지금까지 어깨에 힘을 잔뜩 주고 있었다는 사실조차 모르고 있었다. '음, 대화는 다른 날 해야겠군.' 잭은 자신의 책상으로 향했다. 그런데 자리에 앉기도 전에 에릭이 팔을 흔들어 불러 세웠다.

"이봐, 친구. 내가 멋진 걸 알아냈어. 시제품을 만드느라 밤을 아주 꼴딱 샜다니까. 한번 봐봐."

에릭은 의자에 기대어 앉아 있었다. 그의 긴 다리가 책상 아래에 제멋대로 뻗어 있었다. 그는 가늘고 누런 손가락으로 모니터를 가리켰다. 잭은 문득 에릭이 하루에 담배를 얼마나 많이 피우는지 궁금해졌다.

에릭은 웹사이트의 첫 페이지에서 스크롤을 내렸다. 다른 부분들이 움직이는 동안에도 탐색 기능은 그 자리에 그대로 있었다. 그는 주문 정보를 차례로 입력했다. 마지막 정보가 입력되자마자 바로 다음 항목이 떴다.

"아주 매끄럽네."

잭이 감탄하며 말했다. 에릭은 어깨를 으쓱했다.

"그냥, 대량 발주 사양을 기다리는 동안 시간을 때우느라 해본 것뿐이야."

잭은 마음이 뜨끔했다.

"그거, 내가 해야 하는 일인데. 절반쯤 완성했는데 시음회를 준비하느라 잠시 중단했어."

"걱정하지 마! 레스토랑 공급업체들은 그냥 자기들이 알아서 사이트에서 주문해야 해. 그들은 농장주들을 뜯어내서 돈을 엄청 벌고 있잖아. 최소한 그 정도 시간은 들여서 주문 입력 정도는 직접 해야지."

'주문 입력'이라는 말에 잭의 기분이 더욱 침울해졌다.

"해나가 주문 입력을 하고 있어. 공급업체들이 아니라."

해나가 그 일을 했던 까닭은 잭이 아직 기술 사양을 완성하지 못해서 에릭이 새 기능을 코드화하지 못했기 때문이었다. 그러나 에릭은 잭의 자책감을 눈치채지 못한 것 같았다.

"어쨌든 난 이해가 안 돼. 왜 우리가 중간업체를 살찌우고 있는 거야? 핵심은 농장주들을 돕는 거 아니었어? 레스토랑들이랑. 왜 있잖아, 소규모 독립 회사들 말이야."

잭은 레스토랑들과 미팅하는 것을 좋아했다. 그는 협업 공간들, 벤처기업 육성 기관들과 함께 일하는 것을 좋아했다. 그렇지만 공급업체들의 건물엔 가고 싶지 않았다.

"가끔 보면 해나는 차세대 스타벅스가 되고 싶은 것 같아."

에릭이 큰 소리로 불평하기 시작했다.

Objective
Key
Results

"글쎄, 난 잘 모르겠어. 그렇지만 투자자를 만날 때마다 항상 스타벅스에서 만나. 그게 바로 그들이 원하는 거지. 막대한 투자금 회수, 높은 수익."

"흥, 우리가 차 생산자들을 보살피고 있으니 그나마 다행이지. 누군가는 그렇게 해야 하니까."

"맞아, 맞는 말이야. 세상에는 대량생산된 쓰레기들이 넘쳐나고 있어. 우리가 품질이란 게 뭔지를 사람들에게 보여줘야 한다고!"

"바로 그거야, 친구!"

잭은 기분이 나아져서 책상으로 돌아왔다. 그들에게는 훌륭한 차가 있고, 아름다운 포장 디자인이 있고, 안정된 웹사이트도 있다. 해나도 분명 생각을 바꿀 것이다.

재미있는 일만 할 순 없다

해나가 돌아왔을 때는 늦은 오후였다. 기술 팀원 한 명이 햇빛을 가리기 위해 창문에 플립차트들을 테이프로 붙여놓았지만, 햇빛은 그것마저 통과해 안으로 새어들고 있었다. 해나는 책상에 가방을 내려놓지도 않고 곧장 잭에게 걸어갔다.

"얘기 좀 해."

그러고는 바로 회의실로 향했다.

"우리가 이 방을 좀 써야겠어, 에릭."

회의실에 들어서며 해나가 말했다. 이의를 용납하지 않겠다는 어투였다. 에릭은 의자에서 몸을 일으켜 랩톱을 들고 자기 자리로 돌아갔다. 해나가 의자에 앉았다. 잭은 큰 테이블을 사이에 두고 맞은편에 앉았다. 벽에는 이번 분기를 시작할 때 잭이 만들어 붙여놓은 OKR 포스터들이 붙어 있었다. 그는 지금까지 그 OKR 중 얼마나 달성됐을지 슬쩍 궁금해졌다.

"잭, 네가 아냐의 계약을 연장했지?"

해나가 몸을 앞으로 구부리며 도전적으로 물었다. 잭은 눈을 깜빡거렸다.

"응. 아직 작업을 끝내지 못했거든."

"우린 아냐의 임금을 감당할 수 없어. 우리들 임금도 감당이 안 된다고! 이번 분기를 시작하고 벌써 6주째에 접어들었어. 몇 달 안에 다시 밖에 나가서 자금을 모아야 해. 하지만 우리의 재정 상황은 나아지지 않고 있어. 이 상황에서는 아무도 투자하지 않을 거야."

잭은 이해되지 않는다는 표정으로 계속 해나를 뚫어져라 바라봤다. 그는 이런 대화를 나눌 준비가 되어 있지 않았다. 해나는 잭을 노려봤다.

"잭! 너, 내가 보내는 대시보드들은 보니?"

"아, 난 별로 숫자에 강한 사람이 아니라서. 하지만 우리는 엑스플라이트와 계약을 맺었고, 지난주에는 레스토랑과도 계약을 맺었잖아!"

"하지만 그전 주에 레스토랑 한 곳을 잃었지. 그들은 파산했어. 이 사업이 그렇거든. 그러니 우리의 수익은 똑같아. 잭, 우리 이 문제에 대해 논의했잖아. 우리는 공급업체들이 필요해. 이번 분기에 딱 두 곳 더 말이야. 그리고 다음 분기에는 다섯 곳. 그러면 튼튼한 재정을 확보할 거야. 투자금 유치를 시작하기에 튼튼한 재무 상태 말이야."

"그냥 레스토랑들하고 더 많이 계약하면 안 될까?"

해나는 말문이 막혀 잭을 바라봤다. 순간 잭은 딱 두 달 전에 똑같은 대화를 나눴었다는 사실을 깨달았다. 해나는 잭이 그 사실을 깨달았다는 것을 알아차렸지만 이미 늦었다. 그녀는 폭발하고야 말았다.

"우리는 제시간에 필요한 만큼 레스토랑들과 계약을 맺을 수 없어! 영업사원을 대거 고용하지 않고는 말이야. 그리고 영업사원을 대거 고용했다간 경비 지출 속도가 훨씬 더 빨라질 테지. 레스토랑들은 느리고 경계가 심해서 계약을 체결하는 데 거의 평생이 걸려. 그리고 계약을 맺는다고 해도 일주일에 겨우 500그램 정도를 주문해. 공급업체 한 곳과 거래하는 게 레스토랑 100곳과 거래하는 거랑 똑같다고!"

해나는 분노로 몸이 화끈거릴 지경이었다.

"잭, 네가 기본 경제 원리를 생각하지 않는 것 때문에 정말 미치겠어. 만일 네가 어떤 대기업의 디자이너였다면 회의 중에 재정 상황을 논의하는 동안 낮잠을 잘 수도 있겠지. 하지만 잭, 이건 네 회사라고!"

해나가 손으로 테이블을 쾅 하고 내리쳐서 테이블이 흔들렸다. 잭은 한 걸음 뒤로 물러섰다. 순간 해나는 자신의 행동에 놀라 잠시 멍해졌다가 이내 고개를 흔들면서 자리에 앉았다. 깊게 한숨을 들이쉰 후 말을 이었다. 이제 해나의 목소리는 한층 낮아졌다. 그러나 목소리에 깔린 침착함 때문에 더욱 불안한 분위기가 조성되었다.

"잭, 돈을 모으지 못하면 우리는 사람들을 해고해야 해. 우리 엄마 식당 알지? 그건 엄마의 첫 번째 식당이 아니었어. 할머니, 할아버지가 식당을 운영하셨고 엄마는 거기서 어떻게 식당을 운영하는지를 배웠지. 하지만 1970년대 대공황이 오면서 아무도 외식을 하지 않았대. 할머니와 할아버지는 어떻게든 식당을 열려고 애썼고 직원들도 계속 유지하려고 애썼지. 그런 어려운 시기에 아무도 해고하고 싶지 않았던 거야. 하지만 상황은 나아지지 않았지. 결국 식당은 파산했어. 어쩌면 할머니, 할아버지가 누군가를 더 일찍 자르고 비용을 절감할 방법을 찾았다면…"

해나는 이케아 의자에 몸을 젖히고 앉았다. 그리고 날선 감정을 드러내지 않은 채 잭을 바라봤다.

"난 그런 실수를 할 수 없어."

"네 말의 요지가 뭐야?"

잭이 부드럽게 물었다. 그의 얼굴에는 근심이 가득했다. 심지어 조금 겁먹은 것 같기도 했다.

"난 네게 전념해달라고 부탁하고 있는 거야. 잭, 이 회사에서 네가 원하는 게 뭐야?"

해나는 사무실을 손으로 가리켰다. 사무실은 미소 짓는 고객들의 모습과 웹사이트 모형들과 OKR 포스터들로 덮여 있었다. 회사를 위해 잭이 만든 작품이 그들을 둘러싸고 있었다.

"난 올바른 방식으로 일하는 회사를 원했어. 훌륭한 뭔가를 발견하고 싶었고, 내가 사랑에 빠졌던 것처럼 다른 사람들도 사랑에 빠지는 걸 돕고 싶었어. 그리고 그런 일이 재미있을 거라고 생각했어."

잭이 말했다. 그는 몸을 앞으로 숙여 테이블 위에 팔꿈치를 올리고 두 손을 꽉 움켜쥐었다.

"그 일이 보람 있을 거라고 생각했어. 매일 뉴스를 읽고 누군가 세상을 변화시키는 물건들을 만들어내는 걸 보면서 나도 그렇게 되고 싶었어."

"그래, 가끔은 재미있어. 하지만 그 재미있는 것만 하고 힘든 건 다른 사람들이 하도록 둘 순 없어. 여기서 우리가 잘못하면

Objective
Key
Results

우리는 파산하고 사람들은 직장을 잃겠지. 차 한 잔이 얼마나 훌륭할 수 있는지를 세상 누구도 알지 못할 거야."

해나는 활짝 웃어 보이려 애썼지만 반은 찡그린 얼굴을 보이고 말았다. 잭이 겨우 대답했다.

"대시보드들을 꼭 살펴볼게."

해나는 고개를 끄덕였다. 잭은 깊게 한숨을 내쉬었다. 해나는 그가 그저 대화를 끝내고 싶은 건지, 아니면 정말로 변하려는 심산인지 알 수 없었다.

내부의 적

잭은 헤드폰을 쓰고 컴퓨터 앞에 앉아 있었다. 듣고 있던 음악이 조금 전에 멈췄다. 그는 해나가 보내준 대시보드를 봤다. 이 숫자들은 대체 뭐지? 해나가 정한 OKR은 어디가 변한 거지? OKR을 얼마나 달성했을까? 남은 건 뭘까? 모든 게 낯설고 궁금했지만 막상 물어보려니 조금 창피한 마음이 들었다. 어쨌든 4시까지는 해나가 영업 상담으로 외근이니, 혼자 연구해보고 그때까지 알아내지 못하면 설명해달라고 부탁할 참이었다. 계속 붙잡고 매달리다 보면 결국은 그 숫자들이 의미를 드러내리라고 생각했다.

그때 헤드폰 너머로 셰릴과 에릭이 소곤거리는 소리가 들렸다. 잭은 그들이 그저 어떤 시스템의 오류 분별에 대해 논의하는 중일 거라고 추측했다. 하지만 그다음에 '해나', '판매' 같은 단어 몇 개가 귀에 들어왔다. 잭은 그들의 대화에 귀를 기울이지 않을 수 없었다.

"맞아, MBA들이 지껄이는 전형적인 헛소리야. 걔는 돈을 벌고 싶어 안달 났을 뿐이라고."

에릭이 말하는 소리가 들렸다.

"그럴지도 모르지."

"이봐, 해나 때문에 우리는 대기업들에게 휘둘리게 생겼어. 아마 회사를 잘 키워서 팔아넘길 거야. 경영대학원에서 그렇게 가르치거든."

에릭은 경영대학원을 언급하면서 손가락으로 주의 환기용 인용 부호를 만들었다. 잭은 곁눈질로 그들을 바라보고 있는 것을 들키지 않으려고 애썼다. '그래, MBA가 모든 걸 가르쳐주지는 않지'라고 잭은 생각했다.

"그자들은 수익만 올리려고 하지. 그런 다음에는 수익을 더 높이기 위해 모두를 해고해. 그렇게 해야 투자금을 제일 많이 회수할 수 있거든. 알겠어?"

에릭의 말은 더 이상 잭에게 설득력 있게 들리지 않았다. 해나는 그렇지 않다. 다음 순간 잭은 뼛속까지 오싹해질 만한 말을 들었다.

"하지만 쟤네들이 어떤 경비절감책을 써도 나를 어쩌진 못할 거야. 난 아직도 대량 발주 사양을 받지 못했거든. 그래서 남는 시간에 코드를 몇 가지 손보고 있었지. 어디 새 CTO를 고용하려거든 해보라고 해. 새로 오는 CTO는 아무것도 알아내지 못할 테니까."

에릭이 말했다. 잭은 기술자들이 절대로 해고될 수 없도록 일부러 코드를 복잡하게 만든다는 이야기를 들어본 적이 있었다. 하지만 그런 이야기는 실리콘밸리에서 떠도는 소문이라고만 생각했다. 기술밖에 모르는 오타쿠 같은 인간이 만들어낸 얘기 정도랄까? 그런데 아니었다. 잭은 대시보드를 닫고 대량 발주 사양을 열었다. 그다음 두 번째 모니터에서 대시보드를 다시 열었다. 두 모니터들 사이에서 눈을 왔다갔다 움직이며 어떻게 해야 할지 고민하면서 한동안 그렇게 앉아 있었다.

Objective
Key
Results

중요한 고객을 잃다

갑자기 사무실 전화가 울렸다. 사무실 전화는 거의 울리지 않기 때문에 잭은 깜짝 놀랐다. 해나가 수화기를 들고 침착하게 답했다.

"네. 티비의 해나입니다. 네, 잘 지내요. 필립!"

레스토랑 공급업체 중 한 곳이었다. 잭은 의자 끝에 걸터앉았다. 그 업체에게 판매에 도움이 될 후기를 웹사이트에 써달라고 하라고 해나에게 말할 생각이었다. 그는 대화가 잠시 멈출 때 말하려고 주위를 계속 서성였다.

"아, 죄송합니다!"

해나가 미간을 찡그리며 대답했다. '후기는 날아갔군.' 잭은 생각했다.

"저기, 저희가 보상해드릴 수 없을까요? 제가 직접 운전해서 차를 가져다드릴 수 있어요!"

곧 해나는 가만히 듣고만 있었고 긴 침묵이 흘렀다.

"이해합니다. 다시 한번 정말 죄송하다는 말씀 드려요. 안녕히 들어가세요."

해나가 전화를 끊자, 잭은 가까이 다가갔다. 해나는 이마를 키보드 위로 떨어뜨렸다. 잭은 가만히 서서 해나가 고개를 들기를 기다렸다. 이럴 때 건드리면 어떤 대가를 치를지 잘 알고 있었다. 이윽고 해나가 고개를 들어 그를 바라봤다.

"제퍼슨을 잃었어."

"뭐라고?"

"잘못된 주문이 너무 많대. 대량 주문 시스템은 어떻게 돼가고 있어? 내가 주문 입력 작업을 계속 할 순 없어."

"어제 에릭에게 건넸어. 에릭이 할 일이 있을 것 같아서."

"그래, 그렇겠지."

해나는 차갑고 공허한 눈빛으로 잭을 바라봤다. 이제 그녀의 손은 무릎 위에 가만히 놓여 있었다.

"좋아, 네가 텐조에 전화해."

"뭐?"

"전화해서 이제 그들에게 주문할 차가 아무것도 없을 거라고 네가 전하면 되겠네. 제퍼슨이 마차를 받는 유일한 곳이었잖아. 그들은 저팬타운 업체들 대부분하고 거래해. 텐조에 전화해서 가장 큰 고객을 잃었다고 말해. 그리고 최근에 늘어난 주문 때문에 직원을 더 고용하지 않았기를 바란다고도."

잭의 얼굴이 창백해졌다. 이제 해나는 잭에게서 몸을 돌리고 말했다.

"가. 가서 전화하세요, 회장님."

문제는 당사자에게 말하라

해나는 스타벅스 밖에서 망설이며 서 있었다. 조언을 구할 사람으로 짐이 적임자인지 확신이 서지 않았다. 하지만 짐 말고는 누구와 이야기를 나눠야 할지 몰랐다. 제퍼슨을 잃은 것은 꽤 충격이 컸다. 해나는 자신에 대한 믿음마저 흔들렸다. 잭은 도움이 되지 않았다. 아니, 오히려 잭이 문제였다.

해나는 에스프레소 두 잔을 사서 뒤뜰 테라스에 있는 짐에게 다가갔다. 해나가 에스프레소 한 잔을 건네자 짐은 일어서서 미소를 지으며 물었다.

"오늘 잭은 같이 안 왔나?"

"개인적으로…, 선생님과 이야기하고 싶어서요."

짐의 얼굴에서 미소가 사라졌다. 그는 친절하게 말을 꺼냈지만 눈은 해나를 살피고 있었다.

"그래, 무슨 생각을 하고 있는 거지?"

"저희에게 문제가 좀 생겼어요. 조언을 듣고 싶어요."

짐은 어서 말해보라는 동작을 취했다. 해나는 봇물 터지듯 불만을 털어놓았다.

"바로 잭이 문제예요. 우리가 겪고 있는 기술 문제들에 집중하지 않고 시음회며 포장 디자인 문제로 계속 빈둥거리다가 결국 제퍼슨을 잃고 말았어요."

해나는 답을 기다리며 짐을 바라봤다. 그가 웃을 때 눈가에 생기는 주름들이 다 사라진 것 같았다. 짐은 입술을 살짝 오므리고 양손을 테이블 위에 올려놓았다.

"잭은 그가 맡은 역할을 시작해야 해. 그 점을 잭에게 설명해 주었나?"

"네, 아마도요. 잭이 시간을 낭비하고 있다고 말했어요."

하지만 해나는 잭이 회장인 것을 조롱했을 뿐이었다. 그건 똑같지 않았다.

"제 생각에는 잭이 알 것 같아요."

"그건 복잡한 문제가 아니라네. 잭에게 분명하게 말하게. 그런 다음 잭에게 또다시 말하게. 그 말을 하는 게 지겨울 때쯤이면 사람들이 그 말을 듣기 시작하지. 해나, 자네는 목표와 결과에 집중해야 해. 그리고 그 목표들을 달성하는 데 있어 잭이 자신의 역할이 뭔지 확실히 알도록 해야 하네."

짐은 마지막 한 모금 남은 에스프레소를 마셨다.

"그리고 자네의 역할도 알아야 하네. CEO로서 자네가 할 일은 목표를 정하고 어려운 대화를 하는 거지. 가서 CEO가 해야 하는 일을 하게."

"저는 다음번 투자금 유치가 걱정돼요."

해나는 짐이 구체적으로 어떻게 하라고 말해주기를 간절히 바랐다. 짐은 어깨를 으쓱했다.

"상황이 더 안 좋아지면 노련한 경영자 한 명을 영입할 수도 있지."

순간 해나는 그 자리에 얼어붙는 것 같았다. 심장이 쿵쾅쿵쾅 뛰었고 목구멍이 타는 듯했다. 에스프레소 때문이었다. 그냥 평소에 마시던 형편없는 차나 마실 걸 그랬다고 생각했다.

"나는 개인적으로 자네 둘 모두를 좋아한다네. 그래서 솔직히 말하는데, 자네는 방금 두 사람의 사이가 틀어지고 있다고 했어. 나는 자네의 투자자지, 엄마가 아니야. 자네는 잭과 함께 사업을 멋지게 성공시키거나, 아니면 잭을 제거해야겠지. 재정 상황을 개선하는 데 집중하게. 필요하면 회사를 다음 단계로 이끌 수 있도록 누군가를 구하는 방안을 내가 알아보겠네. 다시 말하지만 복잡한 문제가 아니라네. 자네들은 뭔가의 시작점에 있는 거라고. 하지만 실리콘밸리는 그런 훌륭한 것들의 시작들로 넘쳐나지."

사실 이런 일은 흔히 일어나는 일이었다. 투자자들의 강요로 설립자들이 노련한 경영자들로 교체되는 사례를 해나는 많이 들어봤다. 심장이 마구 뛰었다.

"목표를 달성하겠어요. 제 말은, 잭과 이야기해볼게요."

"좋아. 다음번 만남을 기대하지."

위기는 한꺼번에 닥친다

해나가 돌아왔을 때는 이미 늦은 시각이었다. 잭은 여전히 컴퓨터 앞에 앉아 있었다. 잭 말고는 사무실에 아무도 없었다. 에릭이 회의실에 숨어 있지 않다면 말이다. 다른 사람들은 모두 집으로 돌아간 후였다. 해나가 코트를 벗고 막 자리에 앉으려고 하는데 잭이 성큼성큼 걸어 다가왔다.

"무슨 일이야?"

해나가 물었다. 그녀는 아직 이야기를 나눌 준비가 되어 있지 않았다. 생각을 좀 정리해서 전략을 짜보고 싶었다.

"얘기 좀 해야겠어."

"지금? 입력해야 할 주문들이 많은데."

"에릭이 고의적으로 우리 일을 방해하고 있는 것 같아."

"에릭이?"

해나는 회의실을 바라봤다.

"여기 없어."

"말도 안 돼. 왜?"

"에릭이 셰릴에게 하는 말을 우연히 들었는데, 해고되지 않으려고 일부러 코드를 복잡하게 만들고 있대."

해나는 가방 위로 털썩 주저앉았다가, 다시 일어서서 가방을 치우고 앉았다. 잭은 해나의 책상 가장자리에 걸터앉았다.

"잭⋯."

"알아."

잭은 알지 못했다. 그는 잘 몰랐다.

"잭, 우리는 CTO가 필요해. 당장. 이게 진짜인지도 알지 못할 만큼 우리 둘 다 코드에 대해 아무것도 모르잖아."

"코드가 문제가 아니야. 에릭이 문제야. 에릭이 피벗을 거부하고 있다는 건 알았지만 이건 정도가 지나쳐. 에릭은 불평을 늘어놓고 다녀. 사실, 너에 대해 나쁜 말들을 하고 있어."

"에릭을 잘라야겠지? 우리가 자를 수 있을까?"

"나도 모르겠어."

해나는 랩톱을 열었다. 손이 조금 떨렸다. 카페인을 너무 많이 마셨다고 생각했다.

"근데 너, 텐조에 전화는 했어?"

"내 생각엔 지금은 에릭 문제에 집중해야 할 것 같은데."

해나는 잭이 전화를 하지 않았다는 사실을 알았다.

"난…, 생각을 좀 해봐야겠어. 내일 다시 이야기하자. 이 문제에 대해 고민 좀 해볼게."

해나는 완전히 혼자가 된 기분이었다.

Objective
Key
Results

가장 어렵고 올바른 결정

잭은 아침에 텐조에 전화를 하지 않았다. 그는 한 번도 나쁜 소식을 전해본 적이 없었다. 누군가를 해고해본 적도 없었다. 심지어 고객 한 명도 뿌리친 적이 없었다. 비록 그렇게 하고 싶었던 적은 수도 없이 많았지만 말이다.

잭은 오후에도 전화를 하지 않았다. 늦어도 6시까지는 전화를 하거나, 아니면 내일 아침 제일 먼저 전화를 해야 할 터였다. 내일 해나와 얼굴을 마주하려면 말이다. 그는 책상에서 일어나 베이쇼어 트레일(Bayshore Trail)로 향했다.

그들의 아담한 사무실은 101번 고속도로에 접한 작은 도로와 베이쇼어 공원 사이의 좁은 터에 자리했다. 그곳에는 다양한 벤처기업들, 컨설팅 회사들, 동물병원, 교육서비스 업체 등 온갖 회사들이 들어서 있었다. 한쪽 끝에는 대형 부기회사가 있었고, 다른 쪽 끝에는 신흥 백만장자들이 이용하는 작은 공항이 하나 있었다.

모두들 어려운 문제에 봉착할 때면 이곳을 거닐었다. 해나는 기밀 사항이 아니라면, 그 길을 걸으면서 일대일로 면담하는 것을 좋아했다. 잭은 해나와 이 길을 함께 걷던 때가 그리웠다. 요즘은 그들이 나누는 모든 이야기가 기밀인 것만 같았다. 여기서 느끼는 자연은 콧노래를 흥얼거리던 그리운 날들에 대한 위로가 되었다.

잭은 벤처기업을 시작하는 것이 좋은 생각이라고 믿었다. 보통 디자이너들은 절대로 벤처기업 같은 것을 설립하지 않는다. 돈 문제를 두려워하기 때문이다. 하지만 잭은 디자이너들이 정말로 두려워하는 건 책임을 지는 일이 아닐까라는 생각이 들었다. 그는 대학교를 졸업하고 대학원에 진학하기 전에 1년간 쉬면서 컨설팅을 했다. 그때는 고객들을 행복하게 만드는 게 참 쉬웠다. 그런데 지금은 몹시 혼란스러웠다. 대체 누가 고객인가? 아무도 행복해질 것 같지 않았다.

그는 제퍼슨에 전화를 걸었다. 한 번만 더 기회를 달라고 부탁했지만 소용이 없었다. 여기는 이제 완전히 끝났다. 그들은 끝이라고 이미 해나에게 말했는데 잭에게 똑같은 말을 다시 해야 해서 짜증이 난 것 같았다. 잭은 나중에 다시 거래할 기회마저 날려버렸다며 해나가 질책하지는 않을까 걱정이 됐다. 결국

Objective
Key
Results

벤치에 앉아 소금 평지를 바라보며 휴대폰으로 텐조에 전화하기로 결심했다.

"안녕하세요? 티비의 잭이라고 합니다. 아츠시(Atushi) 씨와 통화할 수 있을까요?"

"안녕하세요! 제가 아츠시예요. 잘 지내셨어요? 그쪽은 일이 잘 돼가나요?"

"음, 글쎄요. 별로 잘 돼가고 있지 않아요."

"그렇군요. 무슨 일이 있나요?"

"저기, 좀 나쁜 소식이 있어요. 제퍼슨이 저희와 거래를 중단했어요. 17일 이후부터는 마차 주문이 더 없을 거예요."

전화기 너머에서 침묵이 흘렀다.

"듣고 계신가요?"

"네, 듣고 있어요. 뭐라고 해야 할지 몰라서요. 저희가 되돌릴 순 없을까요? 품질 문제인가요?"

"아니요. 그건…."

잭은 속에서 감정이 북받쳐 올라오는 것을 느꼈다.

"죄송해요. 저희 잘못이에요. 저희가 주문을 한 건 잘못해서 제퍼슨이 저희와 거래를 끊었어요. 죄송합니다."

"그렇군요. 알겠어요. 그럼 저희는 다음 달 주문을 조정해야

겠네요…. 사실 저희 회사에 시간제로 일하는 정말 진국인 친구가 있어요. 그 친구를 정규직으로 전환하려고 했었는데…."

말을 흐리는 그의 목소리에서 실망감을 느낄 수 있었다.

"하지만 이제…, 죄송해요. 이건 저희 사정이죠. 빨리 알려주셔서 고맙습니다."

아츠시의 목소리는 단호했지만 화를 내진 않았다. 그래도 고통이 고스란히 느껴졌다. 작은 업체는 언제나 비틀거린다고 배운 적이 있다. 오늘 이들을 잘못된 방향으로 밀어 넣은 건 바로 잭 자신이었다.

"죄송하게 되었습니다."

잭은 뭐라 더 할 말이 없었다. 뭔가 위로가 될 말을 찾았으나 '죄송합니다'라는 공허한 말밖에 나오지 않았다.

"네. 저도요. 나중에 얘기하죠."

그는 잭의 대답을 기다리지 않고 전화를 끊었다. 잭은 잠시 앉아 있었다. 왜가리 한 마리가 작은 만에 내려앉으면서 파란 물 위로 새하얀 날개들을 아름답게 펼쳤다. 하지만 그 모습조차도 지금 그에게 아무런 위안을 주지 못했다. '그래 이걸로 끝이야.' 잭은 결심했다. 더 이상 제품에만 집중할 순 없었다. 그는 회사 전체를 디자인해야 했다. 모든 과정을 이해하고 모든 결정이 올바른 결정인지 확실히 해야 했다. 처음으로 그는 티비가 아름다운 상자 안에 든 맛 좋은 상품만이 아니라는 사실을 깨달았다. 그것은 그가 함께 일하는 사람들이며 그들이 나누는 대화였다. 또한 그들이 함께 만든 계획들이었고, 심지어 그 망할 놈의 재무 현황이었다. 그의 회사는 하나의 생태계였다. 그는 디자이너라기보다 정원사였다. 그는 자신의 일을 더욱 잘 해내야 했다. 잭은 주머니에 주먹을 쑤셔 넣고 일어나 사무실로 걸어갔다.

시간은 당신을 기다려주지 않는다

텐조와의 통화 덕분에 잭은 자극을 받았다. 해나는 계속 주문들을 타자로 쳐서 입력했고 주문을 넘기기 전에 프런트엔드 개발자 카메론이 한 번 더 검토하게 했다. 속도는 전보다 느려졌지만 고객을 더 잃을 순 없는 노릇이었다. 카메론은 싫지 않은 눈치였다. 그는 해나 옆에 앉아서 숫자들을 검토하면서 시시덕거렸다. 해나는 카메론이 추근대는 느낌이 귀찮은지 어떤지 확실치 않았으나, 지금 당장은 문제가 아니라고 느껴 그냥 무시하는 것 같았다. 해나는 카메론에게 손가락으로 모니터를 짚으며 각 줄을 꼼꼼히 보면서 주문을 검토하라고 시킨 뒤, 책상에 앉아 있는 잭에게 다가갔다.

"이번 주에는 대량 주문 시스템을 시작하는 거야?"

"그래, 사용성 테스트를 하고 몇 가지 사항만 좀 변경하는 중이야."

"너무 잘하려다 망치지."

해나가 중얼거렸다.

"뭐야?"

"아니야. 그냥 개시나 해. 내가 개시 기념으로 뉴캐슬 브라운 에일 살게."

뉴캐슬 브라운 에일은 잭이 가장 좋아하는 맥주였다. 좀 비싸긴 하지만 잭은 그걸 마시면 행복해했다. 그 망할 것을 완성할 수만 있다면 뭐든 살 수 있을 것 같았다.

"우리 오늘 저녁에 데일리 브레드(Daily Bread)에서 시음회가 하나 있어."

"농담이겠지."

"미안해. 몇 달 전에 잡아놓은 거야."

해나의 눈이 OKR 포스터를 이리저리 살폈다. 빌어먹을. 그 포스터를 붙여놓은 이후로 몇 주 동안 진전은 눈에 보이지도 않았다. 이제 다음 단계를 시도할 때였다.

"영업사원 세 명을 고용해야 해."

해나는 잭을 돌아봤다.

"넌 주최할 시음회가 하나 있고, 난 달성할 목표들이 있지. 시음회 잘해봐."

해나는 구인 공고를 내기 위해 자리로 돌아갔다. 그러다 문득 짐에게서 들은 조언에 대해 잭에게 언제 말할까 생각하느라 걸음을 멈췄다. 하지만 어쩌면 잭은 점점 더 나아지고 있는지도 모른다. 그리고 아주 갑자기, 분기 말이 되었다.

실패, 그리고 두려움

해나는 OKR을 검토하기 위해 잭을 회의실로 불렀고, 또다시 에릭을 내쫓았다. 에릭은 허풍을 떨어댔다.

"내가 시간을 단축했어. 홈페이지 로딩 시간을 500초나 줄였다고!"

잭이 다시 꺼지라고 말했다. 이번에는 좀 덜 친절한 목소리였다. 해나는 OKR을 인쇄해온 종이들을 테이블 위에 펼쳐놓고 달성과 실패를 표시하기 위해 빨간 펜을 꺼내 들었다. 그들은 곧 온통 붉어진 종이들을 바라봤다.

"영업팀은?"

잭이 물었다.

"프랭크는 훌륭해. 하지만 겨우 한 명이잖아. 분기가 절반을 지날 때까지 영업팀 구인 공고를 내지 못했거든."

해나가 '직접 재주문 50%' 항목을 가리켰다.

"이건?"

"있지, 그게, 새 대량 주문 시스템을 지난주에 개시했잖아."

"그래, 나한테 어딘가에 사용 건수가 있을 거야. 여기 있네. 흠, 지금까지 15퍼센트라…."

"음, 그건 새로운 시스템이니까. 고객들을 언짢게 하고 싶지 않았거든. 그래서 일단 레스토랑 두어 곳하고 공급업체 한 곳에만 그 시스템에 대해 알려줬어."

해나는 몸이 흔들릴 만큼 긴 한숨을 내쉬었다.

"맞는 말 같네. 좀 더 일찍 완성했더라면 좋았을 텐데."

해나는 잠시 말을 멈추고 생각을 정리했다.

"지난주에 네가 진행했던 만족도 조사 결과는 나왔니? 사람들 마음을 파악할 만큼 충분한 결과를 얻었어?"

잭은 엄지손톱 주변의 살을 물어뜯으면서 다른 한 손으로 알록달록한 조사 결과 인쇄물을 꺼냈다.

"응, 내 생각엔 이 정도면 답이 충분한 것 같아. 결과는…. 흠, 반응이 제각각이네."

"그럼 핵심 결과지표를 못 맞춘 거네."

"그렇지."

잭은 원통한 표정이었다. 고객 경험은 그의 작품이었기 때문이다. 해나는 판매 실적을 꺼내 수익을 가리켰다.

Objective
Key
Results

"난 이걸 주시하고 있었어. 근접했지만, 충분히 근접하고 있지는 않아. 여기 이즈음에 약간 증가해서 난 우리가 목표를 거의 달성했다고 생각했어. 하지만 그다음에 제퍼슨이…."

제퍼슨을 잃은 고통이 독을 품은 두꺼비 한 마리처럼 그들 사이에 내려앉았다. 그들은 그 표를 뚫어져라 쳐다봤다. 이윽고 잭이 물었다.

"그래서, 제로?"

"제로. 우리는 OKR을 하나도 못 맞췄어."

새빨간 잉크 범벅이 된 종이들을 보자 해나는 지치고 화가 났다. 결국 소리쳤다.

"말도 안 돼! 어떻게 이 OKR 중에서 아무것도 달성하지 못할 수가 있어? OKR은 달성하기 어렵게 정해야 한다지만 이건 마치 아무 노력도 안 한 것 같잖아!"

'이건 마치 내가 아무런 노력을 안 한 것 같아.' 해나의 머릿속에서 한 목소리가 말했다. '이건 마치 잭이 아무런 노력을 안 한 것 같아.' 또 다른 목소리가 말했다.

"해나, 우리는 새 브랜드 시스템을 세웠잖아! 그리고 레스토랑들의 웹사이트 문제를 도왔고 그들을 위해 주문 절차를 개선했어. 하지만…."

그의 목소리가 흐려졌다.

"그런 일들은 우리가 집중하기로 한 것들이 아니었지."

잭은 자기 앞에 놓인 종이들을 내려다보면서 양손을 주머니 속에 집어넣었다. 두 사람 모두 잭이 했던 일 중 어느 것도 그 종이들에 적혀 있지 않다는 사실을 알았다. 해나는 입술을 꽉 다물고 잭을 바라보며 일어섰다. 그리고 몸을 돌려 회의실에서 쌩하고 나가버렸다. 해나는 그 방에서 벗어나야만 했다. 그 방에서는 나쁜 일들만 일어났다. 잭이 해나를 쫓아갔다.

"이렇게 나가버리면 어떡해? 대화를 끝내야지."

잭이 낮은 음성으로 말했다. 사무실은 아직 사람들로 가득 차 있었다.

"뭣 땜에? 아주 분명한데! 우린 망했어."

해나의 눈에 눈물이 가득 고였다. 계속 화난 상태를 유지해야 했다. 아니면 무척 창피해질 터였다.

"엄마는 늘 말했지. 위기가 닥치면 사람들은 자기가 성공했던 일로 돌아간다고. 심지어 그걸 하기에 적합한 때가 아니라도 말이야."

해나는 난생처음으로 회사를 경영하는 게 몹시 두려운 일이라는 사실을 알았다.

"넌 디자인을 하고 예전 고객들을 위한 일을 했지. 난 판매를 맡을 팀을 꾸리는 대신 직접 나가서 판매를 했어. 이제 우리는 투자를 정당화할 수치가 없어. 상황을 바꿀 수 없을 거야."

문득 해나는 사무실이 조용해졌다는 사실을 깨달았다. 당황스럽고 놀란 마음에 도망치려고 앞문으로 향했다. 그때 잭의 주머니 속에서 휴대폰 진동이 울렸다. 짐이었다.

"해나, 잠깐만!"

잭이 소리를 지른 다음 전화를 받았다. '짐이야'라고 그가 입 모양으로 말했다.

"잭? 짐이네. 자네들 여기 스타벅스에 잠깐 들를 수 있겠나? 내가 지금 어떤 친구랑 이야기 중인데, 자네들이 만나보면 좋을 것 같아."

"금방 갈게요! 15분 안에 갈게요!"

잭이 밝은 목소리로 대답했다. 해나가 쏘아봤다.

"잘됐네, 잘됐어. 난 대화를 나눌 준비가 안 돼 있어. 우리는 목표 실적을 맞추지 못했다고."

해나의 목소리가 다시 높아졌다. 이제는 잭의 볼도 창피함으로 붉게 물들었다. 하지만 한번 화가 난 해나는 목소리를 낮추지 않았다.

"짐에게 뭐라고 할 거야?"

"그렇다면 OKR은 효과가 없었던 거야. 내 말은, 그건 우리 탓이 아니란 말이야. 그건 짐이 제안한 시스템이야. 우리는 그걸 시도해봤고 아무런 효과도 내지 못했어. 그건 그저 실리콘 밸리에서 유행하는 또 다른 방법일 뿐이야."

"잭, 너 정말로 이게 OKR 탓이라고 생각하니?"

"아니라고는 못하겠어. 그건 우리가 목표를 이루도록 도와야 하는 시스템이야. 그런데 우리는 아무것도 이루지 못했잖아."

해나는 목소리를 낮췄다. 분노가 가라앉았다.

"분명 뭔가가 잘못되긴 했어."

해나는 재킷과 차 열쇠를 집어 들고 문 밖으로 성큼성큼 걸어 나갔다. 잭이 그 뒤를 쫓아갔다. 사무실에 있는 모든 눈들이 그들이 문 밖으로 쿵쾅거리며 나가는 모습을 지켜봤다.

Objective
Key
Results

뜻밖의 파트너를 만나다

스타벅스까지 운전해서 가는 길이 너무도 짧게 느껴졌다. 해나는 절반 정도 가서야 차 안이 너무 조용하다는 사실을 알았다. 음악조차 켤 생각을 하지 못했던 것이다. 잭은 해나를 피해 창밖을 응시하고 있었다. 해나는 미니밴 두 대 사이의 비좁은 공간에 겨우 주차했다. 잭은 조수석에서 미끄러지듯 내리며 숨을 들이마셨다. 평소 늘어놓던, 미국의 거대한 자동차들에 대한 불만을 오늘은 꺼내지 않았다.

뒤뜰의 테라스로 걸어가자 짐이 20대 후반으로 보이는 어두운색 머리의 남자 맞은편에 앉아 있는 모습이 보였다. 그 남자는 마치 그 공간을 전세라도 낸 양 의자에 드러눕듯 기대어 앉아 있었다. 짧게 친 머리에 어두운 에이비에이터 선글라스를 쓰고 있었고 검은색 티셔츠 밖으로 문신이 하나 슬쩍 보였다. 더 가까이 다가가서 보니 티셔츠는 마이 리틀 포니(My Little Pony)의 닥터 후(Dr. Who) 버전 중 하나였고, 문신은 알에스에이

펄(RSA-perl) 프로그램이었다. 딱 봐도 컴퓨터 전문가에 괴짜임이 분명했다.

이 사람은 누구지? 또 다른 시드 투자자(seed investor)인가? 해나는 궁금했지만, 그가 누구든 일단 해나와 잭이 그들의 실패를 고백하면 결코 투자하지 않을 것이다. 짐이 테이블의 빈자리를 가리키며 말했다.

"잘 있었나? 친구들! 내가 자네들의 CTO를 찾은 것 같네."

"부담은 갖지 마세요."

컴퓨터 전문가가 활짝 웃으며 말했다. '그럼 성과 검토 자리는 아니군.' 해나는 자리에 앉으며 생각했다. 긴장이 약간 풀렸다. 짐이 손님을 소개했다.

"이 친구는 라파엘이야. 막 에스오에스(S.O.S)를 나왔지."

"게임 회사 말이죠?"

잭이 물었다. 라파엘이 곧바로 대답했다.

"네."

"주식 상장 축하해요."

"뭐, 괜찮았죠."

라파엘은 다른 이야기가 더 있음을 암시하며 활짝 웃었다. 그의 짧은 대답을 짐이 보충했다.

"그전에 이 친구는 한 벤처기업에서 일했었는데 구글이 그 회사를 인수했지."

"아퀴하이어(Aqui-hire, 벤처기업의 상품이나 회사 자체보다 인재 영입을 목적으로 한 기업이 벤처기업을 통째로 인수하는 방식-옮긴이)였어요. 전 오컷(Orkut)에 열중하고 있었고, 그래서…."

그는 어깨를 으쓱했다. 인재 영입을 목적으로 회사가 팔리도록 만드는 건 여전히 꽤 괜찮은 투자금 회수 방법이었고, 구글의 첫 소셜 네트워크 실험작인 오컷에서 일하는 것은 전혀 부끄러운 일이 아니었다.

"그럼 어디 좋은 해변에서 노닐고 계셔야죠. 왜 여기에 계시는 거예요?"

"아직 전 끝내지 않았거든요. 게임은 훌륭하죠. 좀 재미있는 문제들이 있긴 했지만, 전 좀 더 하고 싶어요."

해나는 잭을 흘긋 쳐다봤다. 잭은 똑바로 앉아서 이야기에 몰입하고 있었다. 라파엘이 말을 이었다.

"고급 커피숍들이 파는 싱글 오리지널 커피에 대한 글을 읽었어요. 그렇게 하면 커피 생산자들이 훨씬 좋은 가격에 로스터들에게 직접 커피를 팔 수 있죠. 그런 방식이 커피 생산국 사람들의 삶을 개선하고 있고요. 다른 시장에서도 같은 방식으로 시행되지 못할 이유가 없잖아요! 짐이 당신들이 하고 있는 일을 말해주었어요. 전 그게 많은 사람들의 삶을 바꿀 수 있다고 생각해요."

잭의 우울함이 사라지기 시작했다.

"바로 그거예요. 찻값으로 적은 금액을 지불하고 훌륭한 차와 형편없는 차를 섞어 만든 그저 그런 차를 마시는 대신, 모든 사람들에게 훌륭한 차를 제공하는 거예요!"

라파엘이 물었다.

"근데 궁금해요. 그게 왜 당신에게 중요하죠?"

"전 품질을 소중히 여기니까요. 형편없이 만들어진 물건들을 참을 수가 없어요. 우리 엄마는 할인 상품을 좋아해요. 세일이라고만 하면 아무거나 사들이죠. 전 청바지가 스무 벌이나 있었는데, 그중 제가 집 밖에서 입는 건 아무것도 없었어요. 저는 501 청바지 한 벌만 매일 입었어요. 좋은 디자인, 훌륭한 제작을 거친 상품을 한번 경험해보면 그 차이를 알게 되죠. 전 우리가 그 차이를 만들 수 있다고 믿어요."

해나는 단 한 번도 잭이 왜 그렇게 완벽주의자인지 생각해본 적이 없었다. 그저 디자이너들의 기벽이라고 치부했다. 이제 해나는 잭에게도 사명이 있다는 사실을 알았다. 단지 자신의

Objective
Key
Results

사명과 똑같지 않을 뿐이었다. 라파엘을 합류시킬 수 있다면 해나는 좀 더 지각 있는 지원군을 얻게 될지도 모를 일이었다. 어쩌면 자신의 열정을 더 표현하면 그를 설득할 수 있을지도 모른다는 생각에 해나가 끼어들었다.

"게다가 우리가 바꿔놓을 사람들을 생각해보세요. 예를 들어 와카마쓰(Wakamatsu) 농장은 캘리포니아로 건너온 일본 이민자 1세대가 설립했어요. 이제 그곳은 문화 유적지가 되었는데 얼마 전부터 차를 다시 생산하기 시작했죠. 우리는 그들의 차를 레스토랑에 공급하면서 그들의 땅을 복원하기 위한 자금 모금을 도울 수 있어요. 또, 하와이에 또 다른 가족 농장도 있어요. 오늘 아침에 통화했는데 그들은 직접 재배하는 차를 더 많은 사람들에게 제공할 수 있길 간절히 바라고 있어요. 우리가 그렇게 할 수 있어요. 우리가 성공한다면 말이에요."

"제 말이 바로 그거예요!"

라파엘이 주먹으로 테이블을 내리치는 바람에 종이컵들이 흔들렸다.

"기대 수준을 높이는 일! 기업가들에게 기존의 산업과 경쟁할 방법을 제공해서 세상을 더 나은 곳으로 만드는 일!"

해나는 흥분되었지만 한편으로는 자신이 거짓말을 하고 있다는 느낌도 들었다. 그동안의 OKR에 대해 고백하지 않고 라파엘을 합류시킬 수는 없는 노릇이었다. 그리고 짐 역시 알아야만 했다. 물어볼 때까지 기다리기보다 먼저 말을 꺼내는 편이 더 낫다고 생각했다. 해나는 두 손을 테이블 아래로 내려놓고 반지들을 돌리며 손가락을 남몰래 꼼지락거렸다.

"이 문제를 더 논의하기 전에 먼저 말씀드려야 할 게 있어요. 저희는 지난 분기에 몇 가지 중요한 목표들을 세웠는데 그중 아무것도 달성하지 못했어요."

잭은 방금 해나가 그들 모두를 배신이라도 한 것 같은 표정을 날렸다. 어쩌면 그랬을지도 몰랐다. 하지만 해나는 거짓말로 라파엘을 데려올 수는 없었다.

"우리는 목표 다섯 개를 정했어요. 하나는 가치 관련, 하나는 플랫폼 제공 관련, 하나는 판매 관련, 그리고…."

해나는 말끝을 흐렸다. 다른 두 가지가 기억나지 않았다. 잭을 쳐다봤다. 잭은 어깨를 으쓱했다. 흠, 벌써 중요하지 않은 문제가 되었나 보군.

"우리는 그 목표들 각각에 핵심 결과지표들을 달았지만 아무것도 달성하지 못했어요."

해나는 긴 한숨을 내쉰 뒤 라파엘을 바라봤다.

Objective
Key
Results

"이런 상황이니 당신이 우리에게 합류하는 걸 다시 생각해본다 해도 이해해요."

놀랍게도 라파엘은 어느 때보다도 밝게 말을 던졌다.

"OKR을 잘못 사용하고 있네요. 저도 전에 마지막으로 일했던 두 곳에서 그 방법을 사용했어요. OKR은 효과가 있어요. 진짜로 효과가 있죠. 하지만 OKR이 다섯 개라고요? 당신도 그걸 전부 기억하지 못하잖아요. 그런데 어떻게 팀원들이 기억할 수 있겠어요? 클린턴 선거 캠페인을 이끌던 카빌(Carvil)은 클린턴이 정책을 구구절절 나열하지 못하게 말리느라 꽤 애먹었다죠. 강단에 오를 때마다 클린턴은 교육, 외교, 에너지 정책 등 모든 것에 대해 이야기하고 싶어 했대요. 그러자 카빌이 말했죠. '만일 세 가지를 말하면 당신은 아무것도 말하지 않은 게 됩니다.' 이런 말도 있잖아요. '간단히 해, 멍청아! 문제는 경제야, 멍청아!' 중요한 한 가지에만 집중하세요. OKR도 마찬가지죠. 게다가 목표들이 그렇게 많다면 주간 점검은 얼마나 오래 걸리겠어요?"

"주간 점검이라고요? 우리는 '미팅 프리(meeting free)'를 유지하려고 굉장히 노력하고 있는 걸요."

잭이 말했다. 라파엘은 고개를 저었다.

"무슨 의도인지는 알겠어요. 하지만 목표를 정해놓고 그것들이 저절로 실행되기를 바랄 수만은 없어요. 모두가 한 팀으로 뭉쳐서 그 목표들을 실행해나가야 해요. 그래서 점검이 필요한 거죠. 소프트웨어 개발 방식인 애자일(Agile) 기법(짧은 주기로 조직 업무를 민첩하게 반복 실행해서 예측 불가능한 상황에서의 핸디캡을 최소화하며 변화에 적극적으로 대응하는 기법—옮긴이)처럼 매일 서서 하는 짧은 회의나 주별 계획 같은 거 말이에요. 회의를 진행하는 데 매주 사용하는 틀이 하나 있으면 회의는 훌륭하고 유용한 시간이 될 수 있어요."

라파엘은 냅킨 하나를 집어 테이블 위에 펼쳤다. 접혀 있던 선이 냅킨을 사분면 네 개로 나눴다. 그는 자신의 랩톱 가방을 뒤져서 샤피 마카펜 하나를 꺼내더니 '목표'라고 쓰고 그 아래에 '핵심 결과지표'라고 세 번 썼다. 그다음에는 각 핵심 결과지표 뒤에 '5/10'이라고 적었다.

"자, 목표가 그 분기를 위한 동기부여라는 건 알죠? 결과들은 당신이 일을 제대로 하면 실행되는 것들이고요. 하지만 이것들을 잊어버리기가 쉬워요. 왜냐하면 매일 흥미로운 일들이 생기거든요. 그래서 매주 월요일에 이것들을 살펴보는 거예요. 그리고 물어보는 거죠. 우리가 이 결과들에 더 근접했는가, 아

목표
핵심 결과지표: X 획득 5/10
핵심 결과지표: X 유지율 5/10
핵심 결과지표: X 수익 5/10

니면 멀어졌는가? 에스오에스에서는 자신감 평가 방법을 사용했어요. 우리는 각 핵심 결과지표에 10점 만점에 5점을 주고 분기를 시작했죠."

"10점 만점에 5점이요? 그걸 달성할 확률이 50 대 50이라는 뜻인가요?"

해나가 물었다.

"정확히 맞혔어요. 목표들은 수월한 것과 어려운 것들로 나뉘는 게 아니에요. 그것들은 모두 도전적이고 어려운 목표들이어야 해요. 목표들을 달성하기가 어려워야 하죠. 불가능한 것은 아니고 그냥 어려운 정도요. 불가능한 목표들은 절망감을 주거든요. 어려운 목표들은 사기를 북돋고요."

라파엘은 테이블을 둘러봤다. 이제 해나는 몸을 앞으로 기울이고 있었고, 잭은 조금 전과는 반대로 몸을 뒤로 기대고 있었다. 라파엘은 계속 말을 이어갔다.

"그래서 매주 대화를 나누는 거예요. 당신이 '우리의 자신감이 올라갔는가, 아니면 내려갔는가?' 라고 물어보는 거죠. 만일 자신감이 8/10에서 2/10으로 떨어지고 있다면 그 이유를 알아야겠죠. 뭐가 변한 거지? 그러면 당신은 상황을 파악하고 따라갈 수 있을 뿐만 아니라 그 상황에서 배울 수 있는 점이 생기죠."

잭이 입을 열었다.

"불가능해요. 안 그래도 추적하고 파악해야 할 일들이 어마어마하게 많아요. 이것 때문에 다른 상황들을 무시할 수는 없잖아요."

"이 부분에서는 잭에게 동의할 수밖에 없겠어요. 신경 써야 할 다른 모든 일들을 무시할 수는 없어요."

해나가 말했다. 라파엘은 다시 고개를 저었다. 그는 오른쪽 아래 칸으로 펜을 옮겨 '건전성' 이라고 썼다.

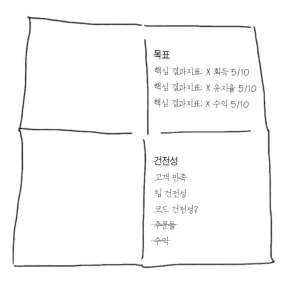

목표
핵심 결과지표: X 획득 5/10
핵심 결과지표: X 유지율 5/10
핵심 결과지표: X 수익 5/10

건전성
고객 만족
팀 건전성
코드 건전성?
~~주문들~~
~~수익~~

"잠깐만 있어봐요. 여기, 오른쪽 아래 칸에 건전성 지표를 넣어요. 이건 우리가 저기 위에서 원대한 목표를 실행하는 동안 지켜야 하는 것들이에요."

그가 위에 적은 OKR을 가리켰다. 해나와 잭은 자신만 혼란스러운 건지 살펴보기 위해 서로를 흘긋 바라봤다. 라파엘은 깊게 숨을 들이쉬었다.

"제가 설명해줄게요. 우리가 급진적인 성장으로 이끄는 목표를 하나 골랐다고 칩시다. 우리는 협력하는 공급업체들과 배급업자들을 가능한 한 많이 확보하려고 노력하는 중인 게 맞죠?"

두 사람은 일제히 고개를 끄덕였다.

"음, 새 고객들을 찾느라 경솔하게 현재 있는 고객들을 잊어서는 안 되겠죠. 그래서 우리는 이렇게 해보는 겁니다."

그는 오른쪽 아래 칸에 '고객 만족'이라고 적었다.

"이렇게 하면 우리는 매주 고객들이 여전히 만족스러운지에 대해 논의하게 되죠. 여기에는 많은 것들이 올 수 있어요."

그러면서 '팀 건전성, 코드 건전성, 주문들, 수익'을 목록에 적었다.

"하지만 OKR과 마찬가지로 집중해야 해요. 그래서 우리는 전체 직원들과 함께 매주 논의할 것들을 두어 가지만 고를 거예요. 그리고 나머지 별로 관심 없는 것들은 그보다 덜 자주 검토하고요."

"고객 만족은 반드시 필요한 거예요. 아마 코드 건전성도? 형편없는 코드는 안 되죠."

잭이 말하자 라파엘이 수긍했다.

"나쁜 코드는 쉽게 문제가 될 수 있죠."

그러자 해나가 불쑥 끼어들었다.

"아니죠. 자, 봐요. 코드도 중요하지만 우리는 기술 회사가 아니라 관계 사업에 좀 더 가까워요. 현실적으로 얘기해보죠.

전 목표가 판매와 관련이 있었으면 좋겠어요. 하지만 팀의 건전성이나 수익이 정말로 더 중요한 것 같아요."

라파엘이 해나를 향해 말했다.

"OKR은 당신이 몰아붙이고 싶은 거예요. 회사를 더 발전시키기 위해 당신이 집중하고 싶은 '한 가지'요. 건전성 지표는 계속 지켜봐야 하는 중요한 것들이고요. OKR과 건전성 지표를 똑같이 만드는 건 맞지 않아요."

"고객 만족과 팀 건전성은 어때요? 직원들이 완전히 지쳐 나가떨어지는 걸 보고 싶지 않거든요."

잭이 말하자 해나가 받아쳤다.

"난 사람들이 조금 더 일하는 건 상관없어."

"꼭 사람들이 일을 더 많이 해야 할 필요는 없어요. 다만 옳은 일, 회사에 꼭 필요한 일에 매달리게 해야 하죠. 그 점에 먼저 초점을 맞춰봐요. 고객 만족과 팀 건전성을 적어두고 지금은 일단 그걸 고민해보죠. 자, 지금 오른쪽에는 우리의 목표들이 있어요. 우리가 밀어붙이고 싶은 것과 지키고 싶은 것들이에요."

라파엘은 냅킨의 왼쪽 편으로 옮겨서 이번에는 'P1'을 세 번, 그리고 'P2'를 두 번 적었다.

```
이번 주
P1: 웹사이트 레이아웃 완료          목표
P1: 주문 오류 바로잡기             핵심 결과지표: X 획득 5/10
P1: 네바다에 전화하기             핵심 결과지표: X 유지율 5/10
P2: 영업사원 구인 공고 내기        핵심 결과지표: X 수익 5/10
P2: 팀 피크닉 계획하기

                              건전성
                              고객 만족
                              팀 건전성
                              코드 건전성?
                              주문들
                              수익
```

"여기엔 이번 주에 당신이 해야 할 중요한 일 3~5가지를 적어요. 그리고 우리가 그 결과들을 달성시킬 일들을 하는 데 시간을 쓰고 있는지 스스로 물어보는 거죠."

"저기, 제가 한 주에 하는 일은 세 가지가 넘어요."

잭이 불평했다.

"이건 누가 제일 바쁘게 일하는지를 보여주는 대결이 아니에요. 당신이 하는 모든 일을 목록에 올리는 게 아니라, 반드시 실행해야 하는 일들만 적는 거예요. 우리 모두 언제나 할 일이 많죠. 핵심은 중요한 일들을 잊지 않는 거예요."

Objective
Key
Results

이번 주
P1: 웹사이트 레이아웃 완료
P1: 주문 오류 바로잡기
P1: 네바다에 전화하기
P2: 영업사원 구인 공고 내기
P2: 팀 피크닉 계획하기

목표
핵심 결과지표: X 획득 5/10
핵심 결과지표: X 유지율 5/10
핵심 결과지표: X 수익 5/10

4주 내 향후 중요 활동
항목 1
항목 2
항목 3
항목 4
항목 5

중요한 일깐!

건전성
고객 만족
팀 건전성
코드 건전성?
주문들
수익

"맞아요, 맞는 말이에요. 마지막 칸에는 뭐가 들어가죠?"

왼쪽 아래 칸을 가리키며 해나가 물었다. 그녀는 새로운 영감을 얻은 기분이었다.

"전 그걸 '알림'이라고 불러요. 다음 달에 일어날 거라고 예상되는 중요한 일들 목록이죠. 이렇게 미리 알리면 마케팅팀, 기술팀, 판매팀 등 모든 사람들이 뭔가 지원 요청을 받을 때 무방비 상태로 있다가 당황하지 않죠."

"그럼 이 모든 것을 매주 검토하는 건가요?"

해나가 물었다.

"네."

"그리고 각 사항들에 대해 논의하고요? 또 저는 우리의 목표에 맞지 않는 일을 하고 있는 사람들을 지적할 수 있고요?"

"그게 당신이 할 일이죠."

"이 방법은 효과가 있을 것 같아요."

해나는 곰곰이 생각하며 아랫입술을 깨물었다. 월요일부터 라파엘이 임시 CTO로 합류하는 데 모두 의견을 같이했다. 그렇게 해야 라파엘이 회사를 경험해보고 그들 또한 라파엘을 시험해볼 수 있을 테니 말이다. 그러나 해나는 이미 결정이 났다는 감이 왔다. 라파엘은 그들의 회사에 완벽한 공동 경영자였다. 해나는 이제 조금 덜 외롭게 느껴졌다.

Objective
Key
Results

성공할 때까진 성공한 척하라

일을 시작하기 전 일요일, 라파엘은 팰로앨토 카페에서 해나와 잭을 만났다. 이른 시각이라 카페 안은 거의 비어 있었다. 스타벅스와 필즈(Philz)는 출근길 사람들로 붐벼 문 밖까지 줄이 있는데 반해, 팰로앨토의 첫 손님은 이들과 어린아이를 데리고 온 아빠뿐이었다. 아이는 카페를 장식하고 있는 중고 나무 테이블을 기어오르려고 애를 쓰고 아빠는 그런 아이를 가만히 지켜보고 있었다.

해나와 잭은 광적으로 팰로앨토 카페를 좋아했다. 이 작은 카페는 이 도시에서 정말로 차의 품질을 신경 쓰는 몇 안 되는 커피숍 중 한 곳이었으며, 티비의 첫 고객이기도 했다. 보통은 10시 정도에 가족들이나 주사위 놀이를 하는 은퇴한 신사들, 작가들이 하루의 긴 시간을 보내기 위해 들어와 자리를 잡기 전까지는 조용했다. 그곳은 홍보에 열을 띠는 기업가들과 벤처 투자자들이 없는, 마지막 남은 카페들 중 한 곳이었다.

해나와 잭, 라파엘은 계획을 짜기 시작했다.

"라프를 팀 전체 회의에서 소개할까?"

잭이 편하게 라파엘의 이름을 줄여서 불렀다. 세 사람은 한결 편안해진 듯했다. 잭의 의견에 해나가 말렸다.

"갑작스러운 소식을 좋아하는 사람은 없어. 회의 전에 팀원들에게 한 사람씩 소개하자."

"그래, 난 전에도 그렇게 했었어. 그리고 오늘 밤에 이메일로 공지를 보내놓으면 더 좋을 거야."

라파엘이 말했다. 잭이 한쪽 눈썹을 올리고 해나를 보면서 말했다.

"에릭은 어쩌지?"

"일단 부딪쳐보자."

잭은 이를 갈다가 결국 마음속으로 생각하고 있었던 말을 내뱉었다.

"라파엘, 팀에 한 녀석이 있어. 그 녀석이 코드로 못된 장난을 치고 있어. 다른 사람들이 그 코드로 작업을 하지 못하게 일부러 복잡하게 만들고 있다고."

"잘라버려."

라파엘이 대답했다.

"우리도 그렇게 하려고 생각은 했었어. 내 말은, 이제 네가 CTO니까 한번 프로그램을 살펴보고 그다음에 자를 수 있으면 자르라는 거야."

"아니지. 네가 고용했으니 네가 잘라. 나는 그다음에 처리해야 할 일이 뭐가 됐든 그걸 해결할게."

"하지만 걱정되지 않아?"

"그건 복잡한 시스템이 아니야. 만일 필요하면 다시 만들면 돼. 하지만 썩은 사과를 그대로 놔두면 안 되지. 독으로 전부 물들일 테니까. 너흰 그 녀석을 해고해야 해. 내일 퇴근하기 전까지 해고하고 그다음에는 바로 그 녀석을 밖으로 내보내야 해. 만일 그 녀석이 정말 네가 말한 대로 했다면, 일단 해고한 다음에는 컴퓨터 근처에서 얼씬도 하게 해선 안 돼."

해나는 잭을 바라봤다.

"네가 제품 책임자야."

"네가 CEO야."

잭이 해나를 바라봤다. 해나는 잠시 말을 멈추고 차를 한 모금 마셨다. 그녀는 엄마를 생각했고 할머니, 할아버지를 생각했다. 그리고 텐조 농장을 떠올렸고 다른 차 생산자들을 떠올렸다. 해나가 입을 열었다.

"그래, 맞아. 그 자식은 끝이야. 만일 상황이 변하지 않으면 다음은 네 차례야, 잭."

잭은 해나가 농담을 하는 것인지 확신할 수 없었다.

라파엘은 출근 첫날인 월요일 아침 8시에 사무실에 도착했다. 해나는 책상 앞에 앉아서 타자를 치고 있었다. 그녀는 라파엘에게 흐릿하게 손짓을 하고 다시 타자를 쳤다. 곧 그녀는 커피 냄새를 맡았고 슬며시 미소를 지었다. 카메론이 냉동실 안에 보관해둔 커피를 라파엘이 찾아냈나 보다.

10시 즈음 사무실은 꽉 찼다. 에릭이 성큼성큼 들어왔다. 해나는 타자 치는 것을 멈췄다. '공연을 시작할 시간이군.' 해나는 자신의 옆자리 빈 책상에 앉아 있던 라파엘을 바라보며 고개를 끄덕였다. 그러곤 라파엘을 팀에 소개하기 위해 기술팀이 있는 곳으로 데리고 갔다.

"지금 커피 냄새가 나는 건가?"

에릭이 힐난조로 물었다.

"모두가 차로 하루를 시작할 수 있는 건 아니지."

라파엘이 웃으며 대꾸했다. 그러자 카메론이 맞장구를 쳤다.

"그렇지!"

에릭은 첫 번째 공격이 먹히지 않자 인상을 찌푸렸다.

"네가 유명한 게임들 몇 개를 개발했다는 건 알아. 하지만 경고를 좀 해줘야겠군. 차는 단순해 보일지 몰라도 그렇지 않아. 여기서 우리는 주문 관리를 위해 우리만의 시스템을 운영하고 있어. 급격하게 변동하는 공급량을 다루는 것은 어렵지만, 난 그걸 예측하는 알고리즘을 만들어냈다고."

"잘 됐네."

라파엘이 대답했다.

"알고리즘 디자인에 대해 좀 알아?"

"뭐 약간. 전에 두 회사에서 검색 작업에 매달렸었거든."

해나가 그 심문을 중단시켰다.

"에릭, 어떤 문제에 대해 할 얘기가 있는데 회의실에서 얘기 좀 할까? 회의를 시작하기 전에?"

"난 지금 몇 가지 일을 좀 더 하고 싶은데."

"당장."

에릭은 어깨를 으쓱하고 랩톱에 손을 뻗었다. 해나는 그의 손 위에 살짝 자신의 손을 얹었다.

"지금은 그거 필요 없어."

에릭은 눈알을 굴리면서 '그러든가' 하는 표정을 지으며 해나를 따라 회의실로 갔다. 해나는 에릭에게 앉으라는 손짓을 하며 자리에 앉았다. 에릭은 계속 서 있었다.

"에릭, 우린 네가 코드에 무슨 짓을 했는지 다 알고 있어. 그건 용납할 수 없어."

에릭은 청바지 주머니에 양손을 쑤셔 넣었다. 해나는 가만히 기다렸다. 괜한 말을 꺼내서 침묵을 깨지 않으려고 애썼다. 마음속으로 초를 세며 조용히 침묵을 지켰다. 시간이 영원히 멈춘 것처럼 느껴졌다. 마침내 에릭이 입을 열었다. 그는 적절한 말을 찾을 때까지 입안에서 말을 맞춰본 것 같았다.

"해나, 네가 회사에 하고 있는 일이야말로 용납할 수 없는 일이야! 이건 내가 생각했던 회사가 아니라고!"

해나는 다음에 할 말을 준비하기 시작했다. 하지만 그녀가 말을 꺼내기도 전에 에릭이 다시 입을 열었다.

"거지 같은 게임맨 같으니라고. 그게 뭐하는 짓이야? 주식 공개상장이라도 하시려고? 자금을 유치하려고 저 자식을 데리고 온 거지? 네가 농장주들은 신경이나 써? 사람들은 생각해?"

해나는 어이가 없었다. 얘가 대체 무슨 소리를 하고 있는 거야? 주식 상장은커녕 그들은 다음번 자금을 모으기 전까지 버틸 수 있을지조차 희미한 상황이었다.

"이것 봐, 에릭. 우리는 오랫동안 CTO를 찾고 있었잖아."

"대체 회사가 어떻게 돼가고 있는 거야? 레스토랑들과 거래하는 방향으로 돌아가지 않으면 난 그만두겠어."

에릭은 해나가 설득하기를 기대하면서, 그만두지 말라고 애원하기를 바라면서 그 자리에 꼼짝도 하지 않고 서 있었다. 해나는 에릭을 다시 한번 찬찬히 살펴봤다. 담배 냄새에 절어 있는 195센티미터의 장신, 코드를 엉망으로 만들어버린 숨은 적, 위험한 무정부주의자. 에릭의 어깨가 조금 아래로 처지자 해나가 바로 입을 열었다.

"내 뜻을 잘못 이해한 것 같아. 에릭, 넌 해고야."

해나와 에릭이 회의실 밖으로 나오자 잭과 라파엘이 그들을 기다리고 있었다. 라파엘은 에릭이 회의를 하는 동안 그의 물품을 상자에 정리해서 그가 지나갈 때 상자를 건넸다. 에릭은 깜짝 놀란 표정이었다.

"잭, 내 랩톱에서 개인적인 것들 좀 챙기면 안 돼?"

라파엘은 고개를 살짝 기울이며 잭을 바라봤다. 잭은 마치 목구멍에 걸린 두려움을 떨쳐버리기라도 하듯 헛기침을 하고 나서 대답했다.

"미안. 네가 떠나게 된 상황을 생각하면 허락할 수 없어."

에릭은 라파엘의 머리 위로 불쑥 몸을 숙이고 말했다.

"이 회사는 망했어. 너도 알지?"

"그럴지도 모르지. 벤처기업이잖아."

라파엘이 어깨를 으쓱했다. 에릭은 마지막으로 랩톱을 오랫동안 쳐다보고 나서 어기적거리며 문으로 향했다. 해나가 그 뒤를 따라 나갔다.

"비밀번호를 바꿔야 할 거야."

라파엘이 잭에게 말했다. 잭은 가슴이 진정되기를 기다리며 가만히 서 있다가 토해냈다.

"맙소사, 해나가 해냈어."

"해나는 CEO니까. 에릭은 회사를 위험하게 만들고 있었고. 우리는 너무 불안정하고 너무 신생이라 그런 일들을 그냥 놔둘 수 없어."

"알아. 난 그냥…."

라파엘이 잭의 눈을 마주보기 위해 문에서 몸을 돌렸다. 잭이 말을 이었다.

"난 회장직을 그만두겠어. 사실 우리는 회장이 필요 없잖아. 제품책임자가 필요하지. 내가 정말로 신경 쓰는 일은 우리가 고품질의 제품을 제공하고 있는지를 확실히 하는 거야. 하지만 그게 티비에 필요한 걸까? 난 우리에게 필요하지 않은 일들을 하느라 시간을 너무 많이 허비했어. 진짜 문제들에 집중하지 않고 말이야. 내가 정말 CPO(최고제품책임자)가 될 자질이 있는지 잘 모르겠어. 아니면 제품 부회장이라도 말이야. 뭐든 상관없어."

"잭, 우리가 성공할 수 있는지는 아무도 몰라. 그래서 '성공할 때까지 성공한 척하라' 라는 말도 있는 거야. 내가 노트패드에 숨어서 한동안 코드만 파고 싶을 때가 있다는 건 모르지?"

라파엘은 잠시 말을 멈추고 자신의 신발을 내려다봤다. 그런 다음 다시 잭의 눈을 바라봤다.

"그냥 네가 하고 있는 일을 잘 아는 척해. 그리고 네 목표들에 집중해. OKR이 네가 예전 습관들로 다시 돌아가는 걸 막아줄 거야. 그래서 내가 OKR을 그렇게 좋아하는 거야. OKR은 내가 약속을 지키도록 해줘. 안전한 곳으로 다시 기어 들어가고 싶을 때도 말이야. 친구, 우리 모두 그런 척하고 있는 거야."

잭은 긴 한숨을 내쉬었다. 사기꾼처럼 느끼는 게 자신만이 아니라는 사실을 알게 되어 큰 위로가 되었다. 라파엘은 책상에서 스테이플러를 집어 들고 돌리며 계속 말을 이었다.

"우리는 서로에게 헌신해야 하고, 우리의 회사와 목적들에 전념해야 해. 그다음에는 그냥 미친놈처럼 막 일하는 거야."

그는 웃으면서 스테이플러를 공중에서 마구 찍어댔다. 잭도 따라 웃었다.

잠시 후 해나가 들어왔다.

"괜찮아?"

"에릭은 갔어. 시작하자. 난 지금 일을 막 해치울 수 있을 것 같은 기분이야."

그들은 팀원들이 기다리고 있는 회의실로 향했다. 잭이 라파엘을 소개하면서 회의를 시작했다.

"여러분, 어젯밤에 이메일을 못 본 사람을 위해 다시 소개할게. 이쪽은 라파엘이야. 지금은 임시 CTO로 합류하고, 일이 잘 되면 영구적으로 합류하는 걸 고려할 거야."

나오코와 카메론이 예의 바르게 두어 번 미소를 보냈다. 하지만 팀원들 다수는 랩톱에 고개를 처박고 있어서 마치 로봇들에게 말하고 있는 것 같았다. 해나가 일어섰다.

"여러분, 우리 회사에는 라파엘이 합류하는 것 말고도 더 많은 변화가 있을 거야. 먼저 모두가 랩톱을 닫았으면 해. 모든 사람이 집중할 필요가 있거든."

해나는 기다렸다. 셰릴의 랩톱만 빼고 모든 랩톱이 닫혔다. 셰릴이 손가락 하나를 들고 말했다.

"잠깐 오류 하나만 마무리하고…"

"회의가 끝날 때까지도 그 오류는 그대로 있을걸."

그래도 셰릴이 랩톱을 닫을 때까지 사람들은 조용히 앉아 기다렸다. 해나는 지난 분기의 OKR에 대해 논의하기 시작했다.

"지난 분기에 대부분이 자신의 OKR을 달성하지 못했지."

팀원들이 폭포처럼 변명을 쏟아놓았다.

"우리는 사이트 실행과 관련해서 몇 가지 문제가 좀 있었어!"

셰릴이 말했다. 카메론도 끼어들었다.

"잘못된 주문들이랑 로스가토스로 가는 배달 지연을 처리해야 했어!"

"내 생각엔 마케팅이 문제인 것 같아."

"영업사원 보조를 고용하지 않아서 그래."

아냐와 나오코도 나섰다.

"괜찮아. 아니, 사실 괜찮지 않지만 그건 예상했던 바야. 내가 이리저리 좀 알아봤어."

해나는 라파엘을 향해 고개를 끄덕이고 말을 이었다.

"많은 팀들이 처음 OKR을 시도할 때 많이들 실패하는 것 같더라. 우리가 OKR을 제대로 실행하려면 어쩌면 또 한 분기가 걸릴지도 몰라."

"우리가 이걸 할 시간이 있어? 이런 식으로 대기업을 따라 하기에는 우리가 너무 작은 회사 아니야?"

셰릴이 말했다. 해나는 이 말에 준비가 돼 있었다.

"구글은 설립한 지 1년 됐을 때 OKR을 사용하기 시작했고, 효과를 봤어. 작은 회사들 다수가 OKR 덕분에 큰 회사들이 돼. 어쩌면 우리는 OKR을 달성하지 못할지도 모르지만, 그렇다면 그건 우리가 집중하는 데 문제가 있다는 점을 알려주는 거지."

정적이 감돌았다. 해나는 말을 계속했다.

"그래서 이번 분기에는 OKR을 사용하는 방법을 약간 바꿔 보려고 해. 먼저 우리는 회사의 OKR을 딱 하나만 정할 거야. 우리를 성공으로 이끌거나 무너뜨릴 수 있는 단 한 가지에 초점을 맞춰야 해. 바로 공급업자들과의 관계지."

해나는 회의실을 둘러봤다. 팀원들의 얼굴이 대부분 어리둥 절한 표정이었지만 라파엘이 방긋 미소 짓는 것을 보고 계속 말할 용기가 났다.

"둘째, 팀별 OKR을 정할 거야. 그것들은 다시 회사의 목표에 연결될 거고. 셋째, 핵심 결과지표에 대한 자신감 정도를 정할 거

Objective
Key
Results

야. 각 항목은 우리가 그것들을 달성할 수 있다는 자신감을 근거로 10점 만점에 5점부터 시작할 거야. 모든 결과지표는 도전적이어야 해. 그리고 가장 중요한 건데, 우리는 매주 회의에서 OKR과 그걸 달성하기 위해 우리가 하고 있는 일들을 점검할 거야."

팀원들의 표정은 여전히 어두웠다. 하지만 셰릴과 카메론을 비롯한 몇몇은 의자에서 몸을 앞으로 내밀고 있었다. 그들은 해나의 말을 잘 따라오고 있었다.

"우리가 주간 점검 회의에서 사용하면 좋을 새로운 틀이 하나 있어. 우리는 우선순위들과 자신감 변화 상태를 공유할 거야. 이건 성적표가 아니야. 서로가 목표를 달성하고 계속 나아가도록 돕기 위한 방법이지."

해나는 화이트보드에 정사각형 하나를 그렸다.

"지금부터는 이걸 우리의 틀로 이용할 거야. 이 표를 갱신하는 데 매주 10분 이상은 걸리지 않을 거야. 물론 첫 주에는 조금 더 걸리겠지만 그 후에는 그저 조금만 수정하면 돼. 여기 오른쪽 위에 우리의 OKR 목록을 적는 거야. 그리고 우리가 실제로 달성할 수 있을 것 같은지를 나타내는 자신감 정도도 적어놓을 거야. 한 가지 예를 들어보자. 여기에 지난 분기 우리 회사의 OKR이 있어."

해나는 다음과 같이 적었다.

목표: 레스토랑 공급업체들에게 고품질의 차 제공자라는 인식 심어주기

핵심 결과지표 1: 재주문율 85% 5/10

핵심 결과지표 2: 직접 재주문 20% 5/10

핵심 결과지표 3: 수익 250,000달러 5/10

"내 자신감 점수가 모두 5점인 것 보이지? 그건 이 목표들이 불가능하지는 않지만 정말로 대범하기를 바라기 때문이야. 만일 세 개 중에서 두 개를 달성할 수 있다면 무척 자랑스러울 거야. 난 매주 회사의 자신감 점수를 갱신할 거야. 라파엘이 기술팀의 것을 갱신할 거고, 잭은 디자인을 포함해서 제품팀의 것을 갱신할 거야. 프랭크는 매출에 대한 자신감 점수를 갱신하고, 나오코는 재무 분야를 하게 될 거야."

해나의 말이 끝나자 잭이 합류했다.

"난 여러분이 내 자신감 점수가 올라가거나 떨어지는 이유를 내게 망설이지 말고 물어봤으면 해. 여기 왼쪽 위편에는 이번 주에 목표를 달성하기 위해 우리가 하고 있는 일 중에서 가장 중요한 일 세 가지를 적어놓을 거야. 그리고 그것들에 중요도

Objective
Key
Results

표시를 해놓을 거야. P1은 반드시 해야 할 일, P2는 해야 할 일. 이것보다 중요도가 낮으면 여기에 적지 않을 거고. 가장 중요한 것 네 가지 이상은 적지 않을 거야. 집중이 중요하거든!"

잭은 다음과 같이 적었다.

P1: TLM푸드와 계약 체결

P1: 새 주문 방식 사양 완성

P1: 믿음직한 영업사원 후보 세 명 면접

P2: 고객서비스 업무 기술서 작성

"가끔 자기가 하고 있는 일을 다른 사람들이 알면 좋겠다는 생각에 P2를 더 추가하고 싶을지도 몰라. 하지만 이걸 하는 목적은 사람들에게 내가 하고 있는 일을 사소한 것까지 전부 알려주는 게 아니야. 오직 중요한 일, 사람들이 도울 수 있는 일, 아니면 적어도 알고 있어야만 하는 일을 적는 거야. 우리 모두 여러분이 열심히 일하고 있다는 걸 알아. 우리는 단지 필수적인 일들이 완수되도록 확실히 하고 싶은 거야."

그다음 잭은 왼쪽 아래 칸을 가리켰다.

"여기에는 그다음에 하려고 계획 중인 일 중 가장 중요한 일들을 적을 거야. 이건 그저 우리 모두가 상황을 알고 공유하기 위해서야. 서버들을 구매하거나 마케팅을 준비해야 할 상황 같은 경우를 대비해서 말이야. 다음 4주 안에 일어날 중요한 일들을 적어두는 거지."

마지막으로 해나가 오른쪽 아래 칸을 가리켰다.

"여기에는 우리의 건전성 지표가 들어갈 거야. 우리는 모두를 꽤 세게 몰아붙일 거거든. 그래서 모두가 괜찮은지, 너무 지쳐서 기진맥진하진 않은지, 아니면 혼자 소외감을 느끼고 있지는 않은지 살피고 싶어. 그럼 두 번째 건전성 지표는 뭐가 돼야 한다고 생각해?"

격렬한 대화가 오갔다. 직원들은 코드 건전성, 고객 만족도 등 계속 점검해야 하는 것들을 마구 이야기했다. 그러나 마지막에는 결국 레스토랑 공급업체들의 만족도에 동의했다. 이로써 모두가 새로운 고객에게 집중하게 될 것이었다.

"우리는 이걸 빨간색, 노란색, 초록색으로 표시할 거야. 조금 모호하다는 건 알지만 우리의 상태를 빨리 알아차리고 어떻게 고칠지 논의하는 편이 좋을 것 같거든. 고객 만족도로 예를 들면, 우리가 만일 고객들을 잃고 있다면 빨간색이 될 거고 곧 고객을 잃을 것 같은 상황이라면 노란색이 될 거야."

해나는 조금 불안한 마음이 들어 잠시 말을 멈췄다. 이 대화의 다음 부분을 어떻게 이어가야 할지 알 수 없었다.

"오늘 우리는 무슨 색으로 표시해야 할까?"

해나가 묻자 평소 아주 태평한 성격인 카메론이 답했다.

"노란색. 음, 너희들이 판매 때문에 외부에 있을 때 내가 전화를 받거든. 셰릴은 전화 받는 걸 안 좋아하고 에릭은 언제나 헤드폰을 끼고 있었으니까. 공급업체들은 그 웹사이트가 어떤 효과가 있느냐고 물어봐. 내 생각엔 그들은 웹사이트를 별로 좋아하는 것 같지 않아."

잭이 유감스러운 듯 얼굴을 찡그렸다. 그가 바로 사용자들을 살피고 챙겨야 하는 사람이었기 때문이다.

"나도 알아. 이번 분기에 개선할 거야. 그럼 팀 건전성은 빨간색? 이 변화들 때문에?"

잭이 조심스럽게 말하자 셰릴이 받아쳤다.

"노란색. 에릭은 본인이 생각하는 것만큼 그렇게 중요한 인물이 아니었어. 새로 온 사람이 어떻게 할지는 앞으로 알게 되겠지."

그렇게 말하고 셰릴은 미소를 지었다. 사람들은 그녀가 농담을 하고 있다는 것을 알고 크게 웃었다. 마침내 해나의 긴장도 풀렸다. 무뚝뚝한 셰릴이 농담을 하고 있다면 아마도 이들은 이것을 잘해보자고 마음먹은 것일 터였다.

"좋아, 여러분. 이제 이번 분기의 OKR을 정해보자!"

카메론이 인상을 찌그렸다.

"그건 각자 알아서 정하는 거 아니야? 지난 분기처럼?"

"아니, 내가 바보 같은 질문 하나 할게. 이 회의실 테이블을 바꾸는 게 좋을까?"

"아니, 절대 안 되지."

"왜 안 되지? 이 테이블은 좀 기울었고, 만일 영업사원 두 명을 더 채용하면 모두가 함께 앉을 수도 없을 텐데."

"이 테이블은 버릴 수 없어! 난 우리가 이 사무실로 처음 들어왔을 때를 기억해. 잭과 내가 설명서를 보고 조립하는 데 세 시간이나 걸렸어."

"바로 그거야. 우리는 우리가 함께 만든 것들을 소중히 여겨. 그러니까 우리의 목표들도 함께 세울 거야. 우리는 한 팀으로서 핵심 결과지표들을 정할 거고 마찬가지로 한 팀으로서 그것들을 달성해낼 거야. 이건 우리의 회사야. 우리는 함께 성공하든지, 아니면 파산하는 거야."

그 후 이들은 새 OKR과 중요도들을 정하기 시작했다.

Objective
Key
Results

자축의 시간

"데모(demo) 타임!"

라파엘이 소리쳤다. 기술팀 사람들이 일어나서 랩톱을 대형 스크린 텔레비전에 연결하고 그 주위로 의자들을 끌어당겼다. 라파엘이 소리를 질렀다.

"모두 모이라는 뜻이야! 영업팀! 너희들도 어서 와! 해나, 스프레드시트 내려놓고 어서 와! 맥주 마시자!"

해나는 이날의 행사를 완전히 까먹고 있었다. 라파엘은 매주 금요일 4시경에 '데모 데이(demo day)'를 갖겠다고 이미 경고했었다. 그는 그 주에 기술팀이 완료한 일들을 시연할 계획이었다. 해나는 당장 일을 더 못 하게 되어 한숨을 쉬었다. 일어나 사람들이 모여 있는 곳으로 걸어가 뒤쪽에 섰다. 대체로 금요일은 경영자들이 야근하는 날이었고, 그러면 직원들은 하나둘 소심하게 퇴근했다. 한 주의 끝은 당당하게가 아니라 시무룩하게 마무리되곤 했었다. 오늘은 다를까?

기술팀은 새 레스토랑 공급업체를 위한 지원 인터페이스 한 토막을 시연하고 그들이 생성한 코드를 공유했다. 말수가 적은 셰릴조차 공급업체의 재주문 시스템 API(Application Programming Interface, 운영체제와 응용 프로그램 사이의 통신에 사용되는 언어나 메시지 형식—옮긴이)를 가능하게 하는 데이터베이스를 다시 작업해서 공유했다. 해나는 안도했다. 드디어 직원들이 진짜 목표들을 위해 일하고 있는 것이다! '곧 시연이 끝나겠구나'라고 생각하는데 잭이 나섰다. 그는 아냐에게 전원을 켜라는 시늉을 했다.

"우리는 레스토랑 공급업체 정보 페이지에 몇 가지 새로운 사항들을 넣었고, 그걸 공유하고 싶어."

해나는 그 모델들을 볼 생각에 신이 났다. 이것은 그들의 목표를 향해 나아가는 훨씬 더 큰 진전이었다. 게다가 해나는 잭과 아냐가 하루 종일 뭘 하는지 조금 궁금하던 차였다. 완성도가 상당히 다양한 단계로 나뉜 디자인을 보자 해나는 그것이 꽤 복잡한 일이라는 사실을 알게 되었다. 그녀는 잭과 아냐를 더 긍정적인 시선으로 바라보게 되었다. 그리고 다른 사람들은 하루 종일 무엇을 했을지도 궁금해졌다. 잭과 아냐가 새로운 디자인에 대한 이야기를 마치자 해나는 뒤에서 앞쪽으로 자리를 옮겼다.

"여러분, 정말 대단했어! 하지만 아직 공유할 게 더 있는 것 같은데. 프랭크? 판매는 어때?"

"타스테코(Tasteco)라는 작은 회사가 곧 계약할 것 같아."

해나는 평소답지 않게 큰 웃음을 터뜨렸다.

"맙소사! 내가 얼마나 오랫동안 그 회사에 매달려왔는지 몰라! 그 회사와 계약을 하면 우리는 중부까지 진출하는 거야! 정말 잘했어!"

그때 잭이 불쑥 끼어들었다.

"해나, 넌 무슨 일을 했니?"

해나는 고개를 저었다. 오직 잭만이 자신을 이렇게 곤혹스럽게 만들 수 있었다.

"난 시간제 고객서비스 담당자를 찾았어! 이름은 캐럴 룬드그렌(Carol Lundgren)이고 이펜(E-Pen)의 고객서비스팀을 만든 사람이야. 유치원에 다니는 아이가 있는 엄마라 근무 시간이 유연한 직장을 찾고 있었어. 그래서 우리가 영입할 수 있었지!"

모두가 진심으로 박수를 쳤다. 그들은 맥주를 마시며 그 주에 있었던 일들을 계속 이야기했다. 해나는 그들이 이뤄낸 놀라운 발전에 기분이 아찔할 정도로 들떠버렸다. 더욱 중요한건, 회사의 분위기가 바뀌었다는 점이었다. 불과 한 달 전만 해도 그들은 무기력한 기분에 빠져 침울하게 그 방을 서성거리고 있었는데 말이다.

잭은 해나가 걸터앉아 있는 책상 쪽으로 다가와 다른 사람에게는 들리지 않으면서 조용히 얘기할 수 있을 만큼 그녀 옆에 가까이 앉았다.

"아냐의 계약을 끝냈어. 오늘이 아냐의 마지막 날이야."

"뭐라고? 그 모델들은 아주 훌륭해 보이던데!"

"응. 하지만 수정이 필요하면 내가 혼자 할 수 있어. 아냐가 하고 있던 일은 P1이 아니었거든. 그건 우리의 OKR에 도움이 안 되는 일이었어."

해나는 컵 바닥을 떠다니는 찻잎을 바라봤다. 그러다 아주 작은 이물질 하나를 본 것 같아 인상을 찌푸렸다.

"걱정하지 마. 디자이너들은 실리콘밸리에서 제일 인기 있는 사람이야. 아냐는 벌써 다른 일을 구했어. 회사가 파산할 지경이 되면 다른 일자리를 알아보는 사람이 아냐만이 아닐걸."

해나는 부드럽게 미소를 지었다.

"내가 할 소리를 하는구나."

그들은 매주 금요일을 그들의 주별 활동의 일부로 만들었다. 매주 월요일에 그들은 다 함께 계획을 짜고 서로에게 전념했으

Objective
Key
Results

며 신생 회사가 해야만 하는 어려운 대화들을 나눴다. 그리고 매주 금요일에는 서로를 축하했다. 절대로 OKR을 달성하지 못할 것처럼 느꼈던 주도 있었지만 금요일의 '자축 시간(그들은 이 시간을 이렇게 부르기 시작했다)'은 모두에게 계속 노력하면 된다는 희망을 주었다. 이것은 놀라울 정도로 사기를 북돋았다. 모두가 서로 나눌 수 있는 승리를 이루고 싶어 했으며, 한 가지 목표를 달성하기 위해 한 주 내내 열심히 일했다. 이제 그들은 스스로 성공의 길로 들어섰다고 느끼기 시작했다.

승리감에서 깨야 할 때

한 분기가 지나고 이전과는 사뭇 다른 점검 시간을 맞이했다. 이들은 핵심 결과지표를 전부 다 달성했다. 팀은 승리감에 넘쳤고 신이 나서 수다를 떨었다.

그런데 라파엘이 흥분된 분위기에 찬물을 끼얹었다.

"이봐, 이건 좋지 않아. 우리 너무 방어적인 것 아니야?"

"방어라고?"

잭이 물었다.

"우리가 달성할 수 있을 만한 목표를 정하는 거 아냐? 기분이 좋으려고 말이야. 진짜 도전적인 목표들을 정하지 않고."

이내 회의실은 조용해졌다. 해나는 입을 꾹 다물고 앞으로 벌어질 사기 저하를 대비해 말을 준비하고 있었다. 잭이 다시 입을 열었다.

"좋아. 그럼, 이번엔 제대로 어려운 목표들을 세워보자. 금요일마다 너희를 봐왔어. 이젠 끝장을 내보자고!"

Objective
Key
Results

이 재미없는 영국인이 이런 표현까지 쓰며 말하자 모두들 크게 웃음을 터뜨렸다. 그들은 전에 없던 가장 어려운 목표들을 세웠고 억척같이 일하기 시작했다.

OKR, 회사를 회사답게 만들다

다음 분기에 그들은 분기별 목표들을 검토하기 위해 다시 모였다. 해나가 예견했듯, 그 회의실의 테이블에는 모두가 함께 앉을 수 없었다. 캐럴은 자신이 이끄는 고객서비스 팀원들과 함께 영업팀 뒤로 조금 떨어져 벽에 늘어서 있는 의자들에 앉았다. 고객서비스팀의 새 팀원인 민디는 조금도 민망한 기색 없이 프랭크와 시시덕거렸다. 하지만 해나는 신경 쓰지 않았다. 이번에 그들은 회사의 핵심 결과지표 중 두 개만 달성했지만 가장 중요한 두 가지였고 과연 달성하는 게 가능할지 의문스러웠던 것들이었다.

잭은 다음 분기의 목표들을 세우고 있었는데 거의 탭댄스를 출 지경이었다. 공급업체들 모두가 웹사이트를 통해 재주문을 하고 있었을 뿐 아니라 그 사이트를 통해서 티비는 처음으로 업계 선두를 달리고 있었기 때문이다.

한편 라파엘은 아르헨티나로 날아가 지역 농장주들과 관계를 형성했다. 이제 그들은 예르바 마테(Yerba Mate) 차를 기르는 소규모 생산자들도 확보해서 공급업체들에게 그들의 차를 제공할 수 있게 되었다. 새로운 마케팅 책임자인 세라는 예르바 마테 차 열풍을 일으킬 전략을 세웠다.

축하할 일만 있었던 것은 아니었다. 셰릴은 지루해졌고 이제 어려운 문제들은 끝났기 때문에 사퇴를 결심했다. 그러나 그녀는 유종의 미를 거두며 떠났고, 금요일 축하 자리와 라파엘이 끊임없이 회사의 목표들을 상기시킨 덕분에 기술팀은 나날이 발전했다. 티비는 일하기 좋은 곳이었고, 세상의 차 생산자들에게도 좋은 곳이 돼가고 있었다.

최고의 소식

해나는 책상 앞에 앉아서 이메일을 뚫어져라 쳐다보고 있었다. 다 끝났다. 그들은 시리즈 A 투자 유치에 성공했다. 자금을 확보한 것이다! 이제 최소 1년은 더 사업을 이어나갈 준비가 되었다! 해나는 의자를 빙빙 돌리며 동료들을 찾아봤다. 잭과 라파엘이 한 모니터 앞에 몸을 구부리고 앉아 있었다. 라파엘이 손가락으로 화면에 떠 있는 뭔가를 가리키자 "자국 내지 마!"라고 잭이 잔소리를 했고, 두 사람은 크게 웃었다.

해나는 안도의 숨을 내쉬었다. 이제는 모든 것이 더 쉬워졌다. 매주 그들은 목표를 공유했다. 매주 그들은 서로를 독려하고 지지했다. 매주 재정 상황이 나아졌다. 해나는 잭과 라파엘이 편하게 아이디어를 교환하면서 새로운 구매자 대시보드에 대해 논의하는 모습을 지켜봤다. 심지어 이제는 의견 충돌마저도 쉬웠다.

해나는 의자에 다시 앉아서 갓 우린 용정차를 두 손으로 감

Objective
Key
Results

싸 쥐었다. 아마도 이 좋은 소식은 나중에 알리는 게 좋을 것이다. 내일 금요일 자축 시간이 있으니까. 자랑할 최고의 소식이 있는 건 참으로 기분 좋은 일이다.

OKR

2부

당신과 팀을 바꾸는 강력한
목표 달성 프레임워크

OKR을 성공적으로 적용하기 위한 전략

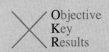

Objective
Key
Results

우리가 목표를 달성하지 못하는 이유

우리는 모두 원하는 것, 이루고 싶은 목표가 있다. 꼭 가고 싶었던 태국 여행일 수도 있고, 아니면 다시 학교로 돌아가 공부하는 것일 수도 있다. 하지만 1년, 2년이 지나고 수년이 흘러도 그 목표는 실행되지 못하고 여전히 목표로 남아 있는 경우가 허다하다.

당신이 CEO거나 어떤 일의 책임자라면 회사에서 뭔가 이루고자 하는 목표가 있을 것이다. 새로운 시장으로 진입하고 싶다거나, 모바일 버전을 출시하고 싶다거나, 아니면 디자인이나 고객서비스 등 특히 취약한 분야를 개선하고 싶다는 목표 말이다. 하지만 세계의 유수 기업들조차 반드시 실행되어야 할 일들이 실행되지 못하는 경우가 많다. 왜 그럴까? 정말로 중요하다면 왜 실행되지 못할까? 거기에는 다음과 같은 다섯 가지 이유가 있다.

1: 목표들의 우선순위를 정하지 않았다
—

'모든 것이 중요하다면 아무것도 중요한 게 아니다' 라는 옛말이 있다. 똑같이 중요해 보이는 수많은 목표들을 그냥 경쟁하게 내버려두는 경우가 너무나 많다. 어쩌면 그 목표들이 똑같이 중요하게 느껴질지도 모른다. 그러나 그 목표들의 순위를 정해보라고 하면 당신은 분명 중요한 순서대로 나열할 수 있다. 먼저 목표들의 순위를 정하고, 한 번에 하나씩 그 목표들을 달성해나가기로 하면 성공 확률은 훨씬 더 높아진다.

회사도 마찬가지다. 단지 상황이 더 안 좋을 뿐이다. 너무나 많은 사람들이 분주히 움직이고 있기 때문에 당신은 그 많은 목표들을 모두 달성할 수 있을 거라고 확신한다. 하지만 현실은 그렇지 않다. 회사를 운영하다 보면 예상하지 못했던 일이 저절로 생겨난다. 매일 쏟아지는 주문을 처리하고, 고객을 응대하고, 하드웨어를 관리하는 등 현상 유지를 위해 힘들게 뛰어다녀야 한다. 여기에 더해 여섯 개 정도의 목표들이 만들어내는 잡음 때문에 기본적이고 필수적인 업무 외에는 거의 아무것도 실행되지 않는다.

따라서 단 하나의 목표와 이를 측정할 수 있는 세 가지 핵심

Objective
Key
Results

결과지표들을 정하면 위대한 목표를 달성하는 데 필수적인 '집중'이라는 선물을 얻을 수 있다. 아무리 작은 방해물들이 사방에 존재해도 문제없다.

2: 철저하고 집요하게 소통하지 않았다
—

> "당신이 그 말을 하기가 지겨워질 즈음이면 사람들이 그 말을 듣기 시작할 겁니다."
>
> _제프 와이너(Jeff Weiner), 링크드인 CEO

일단 팀이 집중하길 바라는 목표를 정했다면 당신은 팀원들에게 매일 그것을 상기시켜야 한다. 그러나 목표를 이야기하는 것만으로는 충분하지 않다. 회사 생활의 모든 측면에 그 목표를 상기시키는 것들을 엮어놓아야 한다. 목표를 향해 어떻게 나아가고 있는지가 현황 점검 회의들과 주간 보고 이메일에서 반드시 강조되어야 한다. 모든 프로젝트는 반드시 목표에 비추어 평가돼야 한다. 목표를 정하고 나서 그것을 모른 척하거나 잊어버리는 것은 실패로 가는 지름길이다.

매주 월요일에 전념을 다짐하는 회의, 주간 현황 점검 이메일, 금요일의 목표 달성 축하 자리 등에서 목표를 반복해 언급하면서 그 목표가 모든 직원의 마음속 가장 중요한 곳에 자리 잡고 모든 활동에 연결되도록 해야 한다.

3: 일을 완수하기 위한 계획이 없다
—

일단 반드시 달성해야 할 한 가지 목표가 무엇인지 알고 나면 대부분 사람들은 의지만으로 충분하다고 생각한다. 그냥 해치우자! 이런 식이다. 그러나 이런 방식은 틀렸다. 예를 들어 살을 빼고 싶을 때는 의지보다 웨이트워처스(Weight Watchers, 미국 뉴욕에 본사를 두고 있는 다이어트 제품 및 프로그램 서비스 브랜드-옮긴이)가 효과가 더 크다. 몸을 만들고 싶을 때는 의지보다 개인 트레이너가 훨씬 더 낫다. 의지는 한정된 자원이다.

로이 바우마이스터(Roy Baumeister)가 1996년에 진행한 유명한 연구에서도 이런 사실이 밝혀졌다. 이 실험에서 무 한 접시를 먹는 게 금지된 사람들은 갓 구운 초콜릿 쿠키를 먹는 게 금지된 이들보다 수학 문제를 푸는 데 두 배 더 오래 집중할 수 있었다

(이 실험을 통해 나는 무를 먹지 않고 참는 데는 큰 의지가 필요하지 않다는 사실도 알게 되었다). 사표를 던지지 않고, 동료를 죽이지 않고, 단체 이메일에 전체 회신 버튼을 누르지 않고 긴 하루를 보낸 후 케이크 한 조각을 거부하는 것은 인간의 한계를 넘어서는 일이다.

당신이 해야 할 일을 하는 것이 일리가 있다고 느껴지도록 해주고, 몹시 피곤할 때조차 당신을 제대로 잡아주는 절차가 필요하다. 그 절차는 당신이 그것을 하고 싶지 않은 기분일 때도 당신에게 무엇을 해야 할지 상기시킨다. 원래 OKR 시스템은 그저 똑똑하고 도전적인 목표들을 세우기 위한 한 가지 방법이었다. 하지만 전념하기, 축하하기, 점검하기 등이 덧붙여지면서 쿠키 하나를 집어 먹고 싶은 생각이 더 간절할 때조차도 목표를 향해 지속적으로 나아가게 해주는 동력원이 되었다.

4: 중요한 것을 위해 시간을 할애하지 않았다
—

"중요한 일 중 급한 일은 거의 없고, 급한 일 중 중요한 일은 거의 없다."

_드와이트 데이비드 아이젠하워(Dwight David Eisenhower)

아이젠하워 박스(Eisenhower Box)는 잘 알려진 시간관리 도구다. 대부분의 사람들은 중요하지 않고 급하지도 않은 일을 멈추는, 오른쪽 아래 칸에 집중한다. 하지만 얼마나 많은 이들이 반드시 완수해야 하는 일인 왼쪽 위 칸을 진지하게 생각할까? 중요하든 중요하지 않든 급한 일들은 완수되기 마련이다. 왜냐하면 우리는 시간의 압박을 날카롭게 느끼기 때문이다. 우리가 그 압박감을 다른 중요한 일들로 옮기지 않는다면 중요한 일들은 계속 '내일'이라는 시간 속에 남겨진다. 우리는 '오늘'이라는 시간을 살기 때문에 그 일들을 절대로 하지 못한다. 중요한 일을 하기 위해 시간을 차단하라. 마감 시간만큼 활기를 북돋는 것은 없다. 매주 월요일, 목표를 향해 일하는 데 전념하면서 당신이 발전에 기여하고 있음을 확인하라.

5: 재도전하지 않고 포기한다
—

"행복한 가정은 모두 비슷한 반면, 불행한 가정은 제각각의 이유로 불행하다."

_레프 톨스토이(Lev Tolstoy)

OKR을 도입할 때 나는 고객들에게 분명 처음에는 실패할 것이라고 경고한다. 그들은 모두 실패한다. 그런데 모두 저마다의 이유로 실패한다.

어떤 회사는 내부에 방어적인 사람들이 있다는 사실을 알게 된다. 이들은 첫 시도에 핵심 결과지표를 모두 달성해내는데, 아무도 어려운 목표들을 정하지 않았기 때문이다. 이는 실패를 두려워하는 경우로, 이들은 정말로 도전적인 목표라는 게 무엇인지 결코 배우지 못한다. 다음 주기에 이들은 자신을 더 세게 밀어붙여야 한다.

반대로 어떤 회사는 아무도 핵심 결과지표를 달성하지 못한다. 계속해서 과도한 목표를 세우고 실행력은 떨어지기 때문이다. 이들은 자신을 속인다. 실제로 자신이 할 수 있는 것이 무엇인지 깨달아야 한다.

가장 흔한 실패는 후속 조치를 하지 않는 것이다. 많은 회사들이 OKR을 세우기만 하고 그 분기의 남은 시간 동안 그것을 무시하는 경우가 흔하다. 그리고 분기의 마지막 주에 이르면 아무것도 해내지 못한 상황에 경악한다.

하지만 성공하는 회사들은 모두 똑같은 특징을 지닌다. 그들은 다시 시도한다. 성공을 향한 유일한 희망은 재도전이다. 맹

목적으로 똑같은 일을 반복하라는 말이 아니다. 그건 무모한 짓이다. 어떤 방식이 효과가 있는지, 어떤 방식이 그렇지 않은지를 면밀히 검토하고, 효과가 없는 일은 덜 하고 효과가 있는 일을 더 많이 한다. 성공의 핵심은 학습이다.

성공으로 가는 길
—

복잡하지 않다. 단지 어려울 뿐이다. 매우 어렵다. 당신은 어떤 목표가 가장 중요한지를 정하고, 욕심을 부리거나 비현실적으로 행동하지 말고 모든 것을 시도해야 한다.

먼저 당신의 생각과 메시지를 분명하게 정리하고 그런 다음 모든 사람들이 제대로 이해할 때까지 반복해서 소통해야 한다. 절대로 오지 않을 내일이라는 시간을 기대하지 말고, 목표를 달성하기 위해 시간을 할애해야 한다. 지치고 낙심했을 때조차 당신을 앞으로 나아가게 할 계획을 세워야 한다. 그리고 실패하고, 배우고, 다시 도전할 준비를 갖춰야 한다. 꿈을 향한 여정은 소망에서 시작하지만 집중, 계획, 학습으로만 목표한 곳에 도달할 수 있다.

Objective
Key
Results

OKR을 시작하기 전에 사명부터 확인하라
—

대부분의 벤처기업들은 회사의 사명을 만들기를 거부한다. 마치 대기업의 선동 문구 같고 자기들처럼 작은 회사들이 만들게 아닌 듯한 느낌 때문이다. 하지만 이는 잘못된 생각이다. 거의 모든 벤처기업들은 사명을 가지고 시작한다. 단지 적어놓지 않았을 뿐이다.

당신은 어떤가? 돈을 벌고 싶어서 벤처기업을 설립하는가? 그렇다면 완전히 잘못 짚은 것이다. 앨먼드 로펌(Allmand Law)의 최근 연구에 따르면 벤처기업의 90퍼센트가 실패한다. 만일 당신이 원하는 게 큰 수익이라면 월가의 컨설팅 회사에 들어가는 편이 훨씬 더 안전하다. 하지만 좀 터무니없는 목표이긴 해도, 당신의 목표가 세상을 바꾸는 것이라면 세상을 바꿀 회사를 설립하는 것도 좋다. 어쨌든 당신은 세상에 변화가 필요하다고 생각한다는 뜻이며, 그렇다면 틀림없이 당신의 마음속 어딘가에 사명 하나가 있다는 뜻이다.

어떤 회사들은 아마도 몇몇이 모여, 또는 혼자서 이렇게 중얼거리다가 시작했을 것이다. '학생들이 어느 선생님이 진짜 훌륭한지를 가려낼 수 있다면.' '폴란드에 있는 부모님과 동영

상을 공유할 수 있는 더 쉬운 방법이 있다면.' '내가 제일 좋아하는 카페에서 좀 괜찮은 차를 마실 수 있다면.' 그다음 그런 방법들을 찾아 헤매고 다니다가 똑같은 문제가 해결되기를 바라는 사람들이 있으며 그들을 위한 시장이 있다는 깨달음을 얻는다. 그리고 마침내 '가르치는 법을 아는 사람 찾기', '멀리 떨어져 있는 가족들을 쉽게 공유할 수 있는 기억들로 연결하기', '차를 사랑하는 사람들에게 훌륭한 차를 가져다주기' 같은 하나의 사명을 만들어낸다.

사명이 시처럼 근사한 구절일 필요는 없다. 간단하고 기억하기 쉬우며, 당신이 시간을 어떻게 보낼지 고민할 때 안내를 해줄 수 있으면 충분하다.

좋은 사명은 회사의 전 직원이 머릿속으로 기억할 수 있을 정도로 짧다. 훌륭한 사명은 영감을 주고 단도직입적이다. '세상의 정보를 정리해서 모두가 잘 이용할 수 있게 만드는 것'이라는 구글의 사명은 너무나 강력해서 구글 직원이 아닌 사람들까지 알고 있다. 아마존의 사명은 '지구상에서 가장 고객 중심적인 기업이 되어 고객이 사고 싶어 하는 것은 무엇이든 온라인에서 찾아 구매할 수 있게 하며, 가능한 한 가장 낮은 가격에 상품을 제공하기 위해 노력하는 것'이다. 여기서 나머지 문구는 잊어버려도, 고객 중심이 되겠다는 첫 부분은 모두가 기억할 것이다.

징가의 사명은 단순하다. '게임으로 세상을 연결하자.' 만일 당신이 필즈 카페에서 커피 한잔을 마시며 직원에게 사명을 물어본다면 어느 매장이든지 그들은 '사람들에게 더 나은 하루를 선사하기'라는 사명을 들려줄 것이다.

사명은 짧고 기억하기 좋아야 한다. 일하다 질문이 생길 때 당신이 답을 찾는 것을 도와주도록, 사명은 당신의 마음속에 가장 중요하게 자리 잡고 있어야 한다. 그런 사명을 만들고 싶다면 아래의 간단한 공식으로 시작해보자.

우리는 (가치 제안)으로 (시장)에서 (고통을 줄인다/삶을 개선한다).

그다음 이것을 다듬어라. 위에 예로 든 짧은 사명 몇 가지에서도 알 수 있듯이 가치 제안만으로도 충분할 수 있다.

어쩌면 당신은 시장을 바꿔야 할지도 모르고, 사업을 하다 보면 사업 모델 하나를 추가할 수도 있겠지만 적어도 5년 동안은 당신을 붙들어줄 수 있는 사명을 만들려고 노력하라. 사명과 OKR의 목표는 여러 가지 면에서 공통점이 많다. 포부를 담고 있고 기억하기 쉽다는 점이 특히 그렇다. 다만 차이는 시간이다. 목표는 1년이나 한 분기 동안 당신을 잡아주지만, 사명은 훨씬 더 오래 지속돼야 한다.

사명은 당신이 제대로 나아가도록 지켜준다. OKR은 당신이 집중하도록 도와주며 이정표를 제시한다. 사명 없이 OKR을 사용하는 것은 제트기 없이 제트기 연료를 사용하는 것과 같아서, 방향을 잃고 엉망이 되기 일쑤고 당신과 회사를 무너뜨릴 수 있다. 일단 사명이 있으면 각 분기의 목표들을 정하는 일은 아주 간단하다. 온갖 가능성으로 넘쳐나는 세상을 더 이상 마주하지 않고, 무엇이 그 사명을 향해 앞으로 나아가게 할지에 대해 논의할 수 있다. 일의 순서에 대해서는 논쟁을 벌일 수도 있지만 일단 논쟁이 가라앉으면 당신은 다음에 할 중요하고 대범한 일 하나를 고를 수 있다. 그 이유는 당신이 어디로 향하고 있는지를 확실히 알기 때문이다.

OKR의 기본 원칙
—

목표를 정하기 위한 기법인 OKR은 구글, 징가, 제너럴 어셈블

Objective
Key
Results

리를 비롯해 많은 조직에서 이용하고 있으며 실리콘밸리의 젊은 기업들 사이에서 삽시간에 퍼져나가고 있다. 이 접근법을 채택한 회사들은 쑥쑥 성장하고 있다.

OKR은 목표와 핵심 결과지표를 나타낸다. 목표는 질적인 측면이고, 핵심 결과지표는(주로 세 가지) 양적 측면이다. 이것은 대범한 목표 하나에 팀 또는 개인이 집중하도록 해준다. 보통 한 분기 동안 하나의 목표를 세우며, 핵심 결과지표를 통해 그 기간이 끝날 즈음 목표를 이뤘는지 확인한다. 당신의 목표는 다음과 같은 특성을 지닌 단 하나의 문장이어야 한다.

질적이고 영감을 주는 목표

목표는 아침에 사람들이 신이 나서 침대에서 뛰어나올 정도로 잘 고안되어야 한다. CEO들과 벤처 투자자들은 전환율(conversion rate, 웹사이트 방문자가 제품 구매, 회원 등록, 뉴스레터 가입, 소프트웨어 다운로드 등 웹사이트가 의도하는 행동을 취하는 비율—옮긴이)이 3퍼센트 증가했다는 사실에 기뻐하지만, 대부분의 평범한 사람들은 보람 있고 발전하고 있다는 느낌에 신이 날 것이다. 당신의 팀이 사용하는 언어를 써라. 사람들이 은어를 쓰는 것을 좋아하고 '대박 내자' 또는 '끝장내자'라고 말한다면 그런 말을 사용하라.

시간제한이 있는 목표

목표는 한 달 또는 한 분기에 달성 가능해야 한다. 그래야 목표를 향해 전력 질주할 수 있다. 만일 목표를 이루는 데 1년이 걸린다면 그 목표는 전략이나 사명에 가까운 것이다.

각 팀이 독립적으로 행동할 수 있는 목표

벤처기업에게는 별로 문제가 아니나, 대기업들은 상호 의존성 문제 때문에 어려워하는 사항이다. 당신의 목표는 온전히 당신의 것이어야 하며, '마케팅을 제대로 못 해서 그래' 라는 식의 변명을 해서는 안 된다.

목표는 사명 문구와 비슷하지만 기간이 짧다는 점이 다르다. 훌륭한 목표는 팀의 사기를 북돋고 정해진 기간 동안 달성하기 어려우며(그러나 불가능하지는 않으며), 그것을 정한 사람들이 독립적으로 실행할 수 있어야 한다.

다음은 좋은 목표들의 몇 가지 예시다.

- 사우스베이의 기업 대상 커피 시장을 장악하자.
- 훌륭한 최소기능제품(MVP)을 출시하자.

Objective
Key
Results

- 팰로앨토의 쿠폰 사용 습관을 바꾸자.
- 다음 분기를 끝장낼 거래를 체결하자.

다음은 나쁜 목표들의 예시다.

- 판매 실적 30% 증가
- 사용자 수 2배 증가
- 시리즈 B 펀딩으로 5,000,000달러 유치

위 목표들은 왜 나쁠까? 그건 이 목표들이 실제로는 핵심 결과지표이기 때문이다.

핵심 결과지표를 알려주는 질문
—

핵심 결과지표는 영감을 주는 모든 목표들을 구체적인 수치로 나타낸다. 핵심 결과지표를 정할 때는 간단한 질문을 하나 던져보면 된다. '우리가 목표를 달성했는지 어떻게 알 수 있을까?' 이 질문은 당신이 '굉장해', '끝장내자', '대박을 터뜨리자' 같은 말을 왜 사용했는지 알려준다. 보통은 핵심 결과지표를 세 가지 정한다. 핵심 결과지표는 아래에 제시한 것들을 포함해 측정할 수 있는 모든 요소를 넣을 수 있다.

- 성장
- 참여도
- 수익
- 성과
- 질

마지막 항목이 조금 당혹스러울 수 있다. 질은 측정하기 어려워 보이기 때문이다. 그러나 NPS(Net Promoter Score, 소비자가 친구나 가족에게 그 상품을 추천할 의지가 있는지 보여주는 수치. 다음을 참고하라. "The Only Number You Need to Grow", *Harvard Business Review*, December 2003) 같은 지표를 이용하면 질도 측정 가능하다. 핵심 결과지표를 똑똑하게 정한다면 발전과 실적 또는 수익과 질처럼 충돌할 수도 있는 요소들을 확실히 드러내면서 균형을 맞출 수 있다. 예를 들어 '훌륭한 최소기능제품을 출시하자'라는 목표에는 다음과 같은 핵심 결과지표들을 붙일 수 있을 것이다.

Objective
Key
Results

- 일주일 내에 40%의 사용자들이 두 배가 되어 돌아온다.

- 추천 지수 8점

- 전환율 15%

이런 핵심 결과지표들을 달성하기가 얼마나 힘든지 눈치챘는가?

핵심 결과지표의 조건
—

OKR은 항상 도전적인 목표들이어야 한다. 이렇게 하기 위한 방법으로 자신감 점수를 10점 만점에 5점을 적용하는 것이 있다. 자신감 점수가 10점 만점에 5점이라는 말은 '목표를 달성할 확률이 50 대 50'이라는 뜻이다. 만일 자신감 점수가 1점이라면 그것은 '꿈 깨! 절대로 일어나지 않을 테니'라는 뜻이다. 자신감 점수가 10점이라면 '이쯤이야 식은 죽 먹기지'라는 뜻이다. 이는 목표들을 너무 낮게 세웠다는 의미로, 흔히 방어적이라고 표현한다.

실패하면 살벌한 대가를 치러야 하는 회사에서 직원들은 대

개 시도하지 않는 편이 더 낫다고 생각한다. 그러나 정말 대단한 일들을 이뤄내고 싶다면 예전에 시도됐던 것보다 더 멀리 나아가고, 이를 안전하게 보장하는 방법을 찾아야 한다.

따라서 핵심 결과지표들을 정할 때는 당신과 당신의 팀이 불가능하지는 않지만 더 큰 목표를 위해 힘껏 밀어붙일 수 있는 적절한 지점을 찾아야 한다. 내 생각에 그 지점은 실패할 확률이 50 대 50인 곳이다.

당신이 정한 핵심 결과지표들을 한번 살펴보라. 만일 마음속 깊은 곳에서 '이것들을 달성하려면 진짜 젖 먹던 힘까지 끌어와야겠네'라는 생각과 함께 조금 재미있는 기분이 든다면 핵심 결과지표를 제대로 세운 것이다. 만일 '우린 망했네, 망했어'라고 생각한다면 너무 어렵게 세운 것이다. 그리고 '좀 열심히 하면 할 수 있겠네'라고 생각한다면 너무 쉬운 것이다.

OKR을 성공시키는 법
—

OKR은 폭포처럼 흐른다. 회사는 한 가지 OKR을 정해야 하며, 각 팀은 그들의 OKR이 회사의 OKR에 어떻게 기여할지를 정해야 한다. 각 팀은 그들의 OKR을 회사의 핵심 결과지표 중 하나에 맞추거나, 아니면 전체 핵심 결과지표를 지원하는 방향으로 정할 수 있다. 예를 들어 기술팀은 고객 만족도가 속도와 밀접하게 연관되어 있다고 판단해서(맞는 말이다) OKR을 아래와 같이 정할 수 있다.

기존 회사와 동일하게 출시할 경우 성과

- 가동 시간 99.8%

- 반응 시간 1초 미만

- 즉각적인 체감 부하 시간(설문 조사로 측정, 사용자의 90%가 페이지가 '즉각적으로' 로드된다고 답함)

(참고로 난 기술자가 아니다. 여기서 예로 든 핵심 결과지표들을 보고 너무 심하게 비웃지는 말아주길 바란다!) 예상할 수 있겠지만 제품관리팀 같은 팀들은 그들의 OKR을 회사의 OKR에 맞추는 것이 쉽지만, 어떤 팀들은 그들이 회사의 목표를 지원하고 있는지 확실히 하기 위해 좀 더 깊이 주의를 기울여야 한다. OKR의 가치 대부분은 무엇이 중요한지, 그것을 어떻게 측정할 것인지, 회사의 목표와 별개로 자기 기준에 맞춰 일하는 데 익숙한 팀들에게 그

것이 무슨 의미인지에 대해 대화를 나누면서 생성된다. 고객서비스팀, 디자인팀, 기술팀 각자는 회사의 목표를 달성하는 데 기여할 수 있는 OKR을 찾기 위해 조금 더 깊이 고민해야 하는 경우가 많다.

하지만 충분히 그렇게 할 가치가 있는 일이다. 고객서비스팀이 더 훌륭한 계획을 세워 불만족스러운 고객들이 상품을 더 많이 구입하게 만들 수 있을까? 디자인팀은 고객 유지율을 높이는 유입 절차를 만들어낼 수 있을까? 기술팀이 알고리즘을 개선해 고객 만족도를 향상시킬 수 있을까? 어떤 팀도 고립되어서는 안 된다.

뿐만 아니라 모든 직원은 개인적 성장은 물론 회사의 목표에 기여하는 개별 OKR을 세워야 한다. 만일 회사의 OKR이 영업 확장에 관한 것이라면 제품관리자는 자신의 목표를 '뛰어난 판매 실적을 올리는 것'으로 정할 수 있다. 그리고 영업 교육을 훌륭한 성적으로 이수하고 자신이 맡은 상품의 전환율을 올리는 것을 핵심 결과지표로 삼을 수 있을 것이다.

이렇듯 개별 OKR은 자신의 일에 더 유능해지고, 자신이 맡은 상품을 향상시키는 일과 관련된다. 이것은 문제 있는 직원 때문에 골머리를 썩고 있는 관리자들에게는 선물과도 같다. 그

Objective
Key
Results

직원의 문제가 징계 조치감으로 더 커지기 전에 관리자는 개별 OKR 설정 과정에서 그 직원이 자신의 문제를 개선하는 방향으로 목표를 세우도록 도울 수 있다. 측정 가능한 핵심 결과지표들을 정해놓으면 상황이 개선되지 않을 경우 관리자는 사적인 편견에 휘둘렸다는 비난을 피할 수 있다.

OKR을 규칙적인 리듬으로 만들어라

—

목표를 달성하지 못하는 경우의 대부분은 분기 초반에 OKR을 세우고 나서 그것에 대해 까맣게 잊어버리고 지내기 때문이다. 그 3개월 동안 매일 팀원들의 요구 사항들이 쏟아지고, CEO는 계속 읽을거리들을 보내며, 고객들의 불만도 끊임없이 접수되고…. 언제나 당신이 시간을 쏟아야 하는, 그러나 결코 성공으로는 이어지지 않는 101가지의 흥미로운 일들이 일어난다. 그래서 나는 당신의 OKR을 주간 팀 회의와 주간 현황 보고 이메일에 포함시키기를 강력히 추천한다. 매주 당신의 자신감 점수를 조정하라. 자신감 점수가 올라가고 내려가는 이유에 대해 논의하라.

확고하고 분명한 목표를 제시하라

—

분기가 절반가량 지나고 나서 OKR을 변경하려고 하지 마라. 만일 OKR을 잘못 세웠다는 사실을 깨달았다면 그냥 받아들이고 실패하든가 아니면 전부 달성해버려라. 그리고 그 경험을 바탕으로 다음번에는 OKR을 제대로 세우려고 노력하라. 처음부터 완벽하게 OKR을 세우는 팀은 없다. OKR을 변경하면 집중도가 떨어진다. 팀이 계속 집중하게 하는 것이 OKR의 가장 중요한 핵심이다. OKR을 중간 지점에서 바꾸는 것은 팀원들에게 OKR을 진지하게 받아들이지 말라고 말하는 것과 같다.

실패할 준비를 하라!

—

솔직해지자. 우리는 모두 실패를 싫어한다. 실리콘밸리 사람들은 전부 말로만 실패를 운운할 뿐이다. 여전히 우리는 실패를 진심으로 즐기지 못한다. OKR의 핵심은 목표에 도달하는 것이 아니라 당신이 진짜 할 수 있는 일을 알게 되는 것이다. 실패는 그 목표가 도전적이었다는 사실을 알려주는 긍정적인 지표다.

Objective
Key
Results

OKR은 애초에 당신이 할 수 있다고 생각했던 것보다 더 많이 이뤄내도록 몰아붙인다. 만일 당신이 목표를 진짜 높게 세운다면 그 목표를 이루지는 못할지 몰라도 분명 엄청난 성장을 이룰 것이다.

팀에 OKR 적용하기

※ 실리콘밸리 프로덕트 그룹 설립자 마티 케이건 작성. 마티 케이건은 지난 30년 동안 휴렛팩커드, 넷스케이프 커뮤니케이션스, 아메리카 온라인, 이베이 등을 비롯해 세계에서 가장 성공적인 기업들에서 제품 부문 임원으로 있으면서 제품을 만들고 규정하는 책임을 맡아왔다.

OKR은 매우 보편적인 도구로 어느 조직에서 어떤 역할을 맡고 있든 사용할 수 있으며, 심지어 개인적인 영역에서도 이용할 수 있다. 그러나 모든 도구들이 그렇듯 이것을 최대한 잘 이용하기 위해서는 고려해야 할 사항이 있다. OKR은 특히 크고 작은 기술제품 회사들에서 눈에 띄는 성공을 거두었는데, 이들은 실행력을 향상시키기 위해 노력하는 과정에서 중요한 교훈을 얻었다.

제품 회사에서 핵심 조직은 '제품팀'이다. 제품팀은 여러 분야의 전문가들로 구성된 다기능 팀으로 보통 제품관리자 한명, 제품 디자이너 한 명, 기술자 몇 명으로 이뤄진다. 가끔 자료

Objective
Key
Results

분석가, 사용자 연구원, 자동화시험 기술자 등 특별한 기술을 지닌 사람들이 추가되기도 한다. 각 제품팀은 보통 그 회사의 상품 제안이라든지 기술 같은 중요한 부분을 책임진다. 예를 들어 어떤 제품팀은 모바일 앱의 책임을 맡고, 어떤 팀은 보안 기술의 책임을 맡고, 또 어떤 팀은 검색 기술 책임을 맡는다.

중요한 점은 각기 다른 기술들을 지닌 제품팀 팀원들은 회사 내 각기 다른 부서에서 왔지만 하루 종일 각자가 속한 다기능 팀에서 다른 사람들과 함께 앉아 어려운 사업 문제들과 기술 문제들을 해결하기 위해 협업한다는 사실이다. 규모가 큰 기업들에는 이런 다기능 제품팀이 대략 20~50개가 존재하고, 각 팀은 각기 다른 분야의 책임을 맡으며 그들만의 목표를 갖는다. 이것은 그리 특이한 경우가 아니다.

예상하겠지만 이런 팀들은 OKR을 통해 이들이 다루고 있는 문제들을 논의하고 점검한다. 이들의 OKR은 또한 각 팀이 회사의 목표에 맞춰 일하게 한다. 게다가 전체 팀들 간 협업이 이뤄지고, 중복되는 일이 없도록 하며, 각 제품팀이 어떻게 전체 목표에 기여하고 있는지를 이해하게 해주기 때문에 OKR은 조직 차원에서 점점 더 필수적인 도구가 돼가고 있다.

이런 설명이 중요한 이유는 조직이 처음 OKR을 시작할 때

각 팀들은 그들의 팀을 위한 그들만의 OKR을 세우려는 경향을 보이기 때문이다. 예를 들어 디자인팀은 반응형 디자인으로 나아가는 것과 관련된 목표를 세우려 할 것이며, 기술팀은 아키텍처 확장성 및 성능 개선과 관련된 목표를 세우려 하고, 품질팀은 테스트와 출시 자동화에 관한 목표를 세우려고 할 것이다.

문제는 이런 팀들의 구성원들은 실제로 다기능 제품팀의 일원이기도 하다는 점이다. 제품팀에는 회사의 목표와 연관된 목표들이 있으나(예를 들면 고객 유입 비용 절감, 일일 사용자 수 증가, 새 고객 유치 시간 절감 등) 그 팀의 구성원들은 그들의 팀 책임자에게서 지시받은 별도의 목표들이 있을지도 모른다는 말이다.

만일 기술자들은 플랫폼을 다시 만드는 작업에 시간을 할애하라고 지시를 받았고, 디자이너들은 반응형 디자인을 설계하는 데 시간을 쓰고, 품질팀은 설비를 재정비하도록 지시받았다고 상상해보라. 이런 활동들 모두가 가치 있는 활동일지는 모르나 실제로 그 다기능 팀들이 구성된 이유인 회사의 중요한 문제들을 해결할 기회는 높지 않다. 이 경우 제품팀에 속한 사람들은 시간을 어디에 써야 할지 갈등하며 혼란과 좌절을 맛본다. 결국 리더와 개인 구성원 모두에게서 실망스러운 결과들이 나오는 것이다.

하지만 이 문제는 피할 수 있다. 만일 당신이 당신의 팀을 위해 OKR을 사용한다면 팀의 OKR을 제품팀의 OKR 수준으로 맞춰야 한다. 개인이 그들이 속한 제품팀의 목표에 초점을 맞춰 집중하게 하라. 만일 다른 기능 팀들에(디자인팀, 기술팀, 품질보증팀 등) 더 중요한 목표들(반응형 디자인, 기술 부채, 테스트 자동화 등)이 있다면 그 목표들은 경영진 차원에서 다른 사업 목표들과 함께 논의되고 우선순위가 정해져야 하며 관련 제품팀의 목표로 통합돼야 한다.

기능 팀들의 책임자들이 그들의 팀과 관련된 개별 목표를 갖는 것은 전혀 문제가 아니라는 점을 유의하라. 왜냐하면 팀 책임자들은 보통 제품팀에 속하지 않으므로, 앞서 언급한 것 같은 갈등을 겪지 않기 때문이다. 예를 들어 사용자 경험 디자인 책임자는 반응형 디자인으로 이동하는 전략을 세울 수 있으며, 기술 팀장은 기술 부채를 관리하는 것과 관련된 전략을 세울 수 있다. 제품관리 팀장은 상품 비전을 제시할 수 있으며, 품질 보증 팀장은 테스트 자동화 도구를 선택할 수 있다.

개인 참여자들(특정 기술자나 디자이너 또는 상품책임자 등)이 개인적인 발전과 관련된 목표를 몇 가지 갖는 것도 대개의 경우 큰 문제는 아니다. 개인적인 목표에 너무 과하게 전념해 가장 중요한 제품팀에서의 역할에 방해되지만 않는다면 말이다.

핵심은 이들의 OKR이 제품팀의 목표에서 회사나 사업 수준
의 목표로 연결되어 올라가야 한다는 점이다.

OKR 일주일 리듬 만들기

많은 회사들이 OKR을 시도했다가 실패하고, 그런 다음 이 시스템을 비난한다. 그러나 어떤 시스템도 정말로 잘 따르고 지키지 않는다면 아무런 효과가 없다. 분기를 시작할 때 목표 하나를 정해놓고 분기 말에 그것이 마술처럼 달성돼 있기를 기대하는 것은 참으로 나태한 태도가 아닌가? 해나와 잭의 이야기에서 다뤘듯이, '전념'과 '축하'라는 규칙적인 리듬을 타는 것이 중요하다.

OKR을 실행하기 위한 방법으로 '스크럼(Scrum)'은 기술자들이 각자의 목표에 전념하고 서로를 지지하며 동시에 책임을 지도록 하는 하나의 기법이다. 매주 한 기술자는 지난주에 일어났던 일, 다음 주에 전념할 일, 그리고 목표로 향하는 길에서 그들을 방해하는 모든 장애물들을 공유한다. 좀 더 규모가 큰 조직에서는 팀들이 목표들을 달성하기 위해 서로가 서로에게 책임을 지도록 확실히 보장하는 '스크럼 오브 스크럼(scrum of scrums)'이라는 방법을 사용한다. 전문 팀을 여럿 갖춘 조직들이 그렇게 하지 못할 이유가 없다.

월요일, 점검하고 전념하라
—

매주 월요일, 팀은 OKR에 맞춰 진척 상황을 점검하기 위해 회의를 해야 하며, 회사가 목표를 달성하도록 기여하는 업무에 전념해야 한다. 다음과 같은 네 가지 중요한 사항을 포함하는 사분면 형식을 추천한다.

- **그 주의 목적**: 회사의 목표를 향하기 위해 이번 주에 반드시 완수해야 하는 가장 중요한 일 서너 가지는 무엇인가? 이렇게 정한 우선순위들이 OKR을 달성하게 해줄지 논의하라.
- **월간 예측**: 다가오는 일 중 팀이 도울 수 있거나 대비해야 하기 때문에 알고 있어야 하는 일은 무엇인가?
- **OKR을 향한 현 상황**: 자신감 점수를 10점 만점에 5점으로 세우고 시작했다면 그 점수가 올라갔는가, 내려갔는가? 그 이유를 논하라.

이번 주의 우선순위	OKR
P1: TLM푸드와 계약 체결 P1: 새 주문 방식 사양 완성 P1: 영업사원 후보 3명 면접	목표: 공급업체들에게 고품질의 차 제 공자라는 명확한 인식 확립 핵심 결과지표: 재주문율 85% 5/10 핵심 결과지표: 직접 재주문 20% 5/10 핵심 결과지표: 수익 250,000달러 5/10

다음 4주간 프로젝트	건전성
• 재주문 저조 상황 알림 • 공급업체들을 위한 새로운 직접 주 문 방식 개발 • 공급업체들을 위한 차 판매 관련 지 표 수립 • 고객서비스 팀장 고용하기	팀 건전성　　　　　　(노란색) 팀이 방향 전환으로 고군분투한다 공급업체 만족도　　　　(녹색)

- **건전성 지표:** 원대한 목표를 위해 분투하는 동안에도 꼭 지키고 싶은 것 두 가지를 골라라. 절대로 손상돼서는 안 되는 건 무엇인가? 고객들과의 중요한 관계? 코드 안정성? 팀의 복지? 상황이 안 좋아지기 시작하면 표시를 하고, 그에 대해 논의하라.

이 형식을 통해 다음과 같은 문제들에 대해 이야기를 나누면 좋을 것이다.

- 우선순위들이 우리가 OKR을 달성하도록 이끄는가?

- OKR을 달성할 수 있는 자신감 점수가 왜 떨어지고 있는가? 누가 도와줄 수 있을까?
- 새로운 중요한 활동들에 대비가 되어 있는가? 마케팅팀은 다음에 출시될 상품에 대해 알고 있는가?
- OKR이 직원들을 너무 몰아붙여 지치게 하고 있는가, 아니면 그저 정해진 규칙에 따라 태만하게 일하게 하고 있는가?

모여서 회의를 할 때는 사분면 형식에 대해서만 논의를 할 수도 있고, 아니면 그것을 이용하여 상황을 점검하고 그다음 측정지표들, 진행 중인 프로젝트들, 관련 최신 정보 등을 다루는 다른 세부적인 문서들로 보충할 수도 있다. 회사나 팀마다 현황 점검 회의에 대한 저항 정도가 다르니 자신의 회사나 팀에 맞게 하면 된다.

모든 것을 가능한 한 간단하게 하려고 노력하라. 현황 점검 회의를 너무 많이 하면 팀원들은 자신이 한 아주 사소한 일까지 전부 다 나열하면서 자신의 존재를 정당화하려고 애쓸 것이다. 직원들이 일상 업무에서 올바른 선택을 한다고 믿어라. 회의의 분위기를 모두가 공유하며 전념하는 목표들을 달성하기 위해 서로 돕는 분위기로 만들어라.

Objective
Key
Results

우선순위 항목은 더 적게 세우고, 업데이트는 더 짧게 하라. 대화를 나눌 시간을 더 만들어라. 만일 월요일 회의에서 발표에 15분을 할당하고 나머지 시간은 다음 단계들을 위해 토론을 한다면 회의를 제대로 하고 있는 것이다. 회의가 일찍 끝난다면 좋은 징조다. 단지 한 시간을 회의 시간으로 정해놓았다고 해서 그 시간을 다 써야 하는 것은 아니다.

금요일, 축하하고 공유하라

목표를 높게 세우면 당연히 실패도 많이 할 수밖에 없다. 목표를 높게 세우는 것은 좋지만 자신이 얼마나 많이 발전했는지 알지 못한 채 목표를 이루지 못했다는 사실만 생각한다면 몹시 절망적인 기분이 든다. 그 때문에 금요일 자축 시간이 굉장히 중요하다.

금요일 자축 시간에 팀들은 무엇이든 보여줄 수 있는 것을 시연한다. 기술자들은 작업한 코드 일부를 보여주고 디자이너들은 모형과 지도들을 보여준다. 그러나 보여주는 것 외에도 모든 팀이 뭔가를 공유해야 한다. 영업팀은 성사시킨 계약들에 대해 말할 수 있어야 하며, 고객서비스팀은 살려낸 고객들에 대해 이야기할 수 있어야 하고, 사업계발팀은 거래 내용을 공유해야 한다.

이렇게 하면 몇 가지 좋은 점이 있다. 첫째, 직원들은 자신이 매우 특별하고 성공적인 팀의 일부라고 느끼기 시작한다. 둘째, 각 팀들은 뭔가 공유할 만한 업적을 이루고 싶어서 점점 목표를 달성하려고 노력하게 된다. 마지막으로, 회사는 각 팀이 어떤 일을 하고 있는지 알 수 있고 모두가 하루 종일 무엇을 하는지를 이해하기 시작한다.

더불어 맥주, 와인, 케이크 등 무엇이든 금요일 자축 시간에 나눌 간식거리를 제공하는 것도 회사가 직원들을 신경 쓰고 있다는 느낌을 주므로 몹시 중요하다. 만일 회사가 정말로 영세해서 아무것도 제공할 여유가 없다면 '금요일 자축 상자' 하나를 마련해 모두가 그 안에 뭔가를 기부하게 해도 된다. 그러나 회사가 점점 더 커지면 직원들을 지원한다는 표시로 반드시 자축 시간을 위한 간식 비용을 대야 한다. 프로젝트를 진행하고 있는 사람들이야말로 가장 중요한 자산임을 고려하라. 당연히 그들에게 투자해야 하지 않겠는가?

OKR은 목표를 세우는 데 탁월한 방법이지만 이를 달성할 시스템이 하나도 없다면 유행을 타는 다른 방법들처럼 실패할 가능성이 크다. 당신의 회사에 전념하라. 서로에게 전념하라. 그리고 모두가 함께하는 미래에 전념하라. 그리고 이런 다짐들을 매주 반복하라.

OKR 3개월 계획 세우기

OKR을 세우는 것은 힘들다. OKR을 세우려면 회사를 면밀히 들여다봐야 하며, 회사가 나아갈 방향을 형성하는 선택들에 대해 어려운 대화를 나눠야 한다. 최선의 결과들을 얻기 위해 이 회의를 아주 사려 깊게 구성하라. 다음 분기 내내 이 OKR에 맞춰 살아갈 테니.

회의를 소규모로 열어라. 가능하다면 10명 이하의 사람들로 구성하는 것이 좋다. 반드시 CEO가 회의를 주관해야 하며 고위임원들은 꼭 참석해야 한다. 전화기, 휴대폰, 컴퓨터는 치워라. 그렇게 해야 사람들이 빨리 반응하고 집중한다.

회의를 하기 며칠 전에 모든 직원들에게 회사가 초점을 맞춰야 한다고 생각하는 목표들을 제출하게 하라. 직원들이 목표를 제출할 시간은 아주 조금만 주어라. 24시간이면 충분하다. 시간을 질질 끌지 마라. 바쁘게 돌아가는 회사에서 '나중에'라는 말은 절대로 하지 않겠다는 뜻이다.

Objective
Key
Results

컨설턴트든 팀장이든 직원들이 제출한 목표들 중에서 가장 훌륭하고 인기 있는 것들을 모아서 제출하게 하라.

회의 시간으로 네 시간 반을 잡아두어라. 두 시간짜리 회의 두 번과 30분 휴식 시간이다. 하지만 당신의 목표는 두 번째 회의를 취소하는 것이다. 집중하라.

모든 임원들은 마음속으로 그 회의에서 제시할 목표를 한두 개 생각해와야 한다. 포스트잇에 직원들이 낸 가장 훌륭한 목표들을 적고, 임원들이 생각해온 것을 추가해 적는다. 여러 가지 크기의 포스트잇을 준비해 큰 포스트잇을 목표용으로 사용하면 좋다.

이제 그 포스트잇들을 벽에 붙인다. 중복되는 것은 합치고, 사람들이 걱정하고 있는 부분을 보여주는 패턴을 찾아라. 유사한 목표들도 합쳐라. 그리고 순위를 매겨 정리하라. 마지막으로 세 가지로 추려라.

논의하고, 토론하고, 싸우고, 순위를 매기고, 선택하라.

팀의 성향에 따라 회의를 곧 끝내고 휴식을 취할 수도 있고, 아니면 한 시간 더 회의를 해야 할 수도 있다.

다음에는 모든 임원들이 목표를 측정하기 위해 생각할 수 있는 가능한 한 많은 지표들을 자유롭게 적게 하라. 이는 '프리리

스팅(Freelisting)'이라 불리는 디자인 사고 기법의 하나로, 어떤 주제에 대해 가능한 한 많은 아이디어들을 간단히 적어두는 것이다. 각 포스트잇에 아이디어를 하나씩 적은 다음 그것을 수정하거나, 폐기하거나, 데이터를 다시 조정한다.

이것은 브레인스토밍(brainstorming)보다 훨씬 더 효과적인 방법으로, 이 방법을 통해 더 훌륭하고 다양한 아이디어들을 얻을 수 있다. 사람들이 편하게 생각할 수 있도록 시간을 조금 더 주어라. 아마도 10분 정도면 좋을 것이다. 흥미로운 아이디어들을 가능한 한 많이 얻을수록 좋으니까.

그다음 그 아이디어들로 유사성 도표를 만든다. 이것은 또 다른 디자인 사고 기법으로, 비슷한 포스트잇들끼리 나눠 묶는 것이다. 만일 두 사람이 'DAU(Daily Active Users, 일일 사용자 수)'를 적었다면 그 포스트잇들을 겹쳐놓을 수 있다. 이는 이 지표가 두 표를 얻었다는 의미다. 또한 DAU, MAU(Monthly Active Users, 월간 사용자 수), WAU(Weekly Active Users, 주간 사용자 수)는 모두 참여 관련 지표이므로 그것들을 나란히 붙여놓을 수 있다. 그런 다음 마지막에 세 가지 유형의 지표들을 고른다.

선정한 핵심 결과지표들에 X를 적어 넣는다. 예를 들면 'X 수익', 'X 매입', 'X DAU' 같은 식이다. 먼저 무엇을 측정

Objective
Key
Results

할지 논의한 후에 어떤 가치가 있어야 하는지, 그것이 정말로 중대한 목표인지 논의하는 편이 더 쉽다. 한 번에 하나씩 해결하라.

경험으로 미뤄 보건대 핵심 결과지표로 사용량 지표, 수익 지표, 만족도 지표를 하나씩 정하기를 권한다. 물론 이것이 당신의 목표를 위해 언제나 옳은 선택은 아닐 것이다. 분기를 넘어 계속 발전하기 위해 성공을 측정할 수 있는 다양한 방법을 찾는 것이 이 일의 목적이다. 예를 들어 핵심 결과지표 두 개를 수익 지표로 정했다면 성공을 향한 방식이 한쪽으로 치우쳐 있을지도 모른다는 뜻이다. 오직 수익에만 초점을 맞추면 직원들이 시스템을 조작하거나 단기적인 성공에 집착할 수 있으며 결과적으로 직원 유지에 해가 될 수도 있다.

다음에는 그 핵심 결과지표들의 가치를 고민하라. 그것들이 정말로 중대한 목표인지 확인하라. 그것들을 달성할 수 있는 자신감은 50퍼센트여야 한다. 서로를 독려하라. 방어적인 사람이 있는가? 누군가 안전하게 목표를 세우는가? 누군가 무모하게 나서는가? 분기가 절반가량 지나고 나서가 아니라 지금이 바로 토론을 할 시간이다.

마지막으로, 최종 OKR들을 논의하기 위해 5분을 할애하라.

목표가 영감을 주며 그 안에 포부가 담겨 있는가? 핵심 결과지표는 합당한가? 그것들을 달성하기가 어려운가? 한 분기 내내 이것들에 맞춰 살 수 있겠는가?

제대로 되었다는 느낌이 들 때까지 수정하고 또 수정하라. 그런 다음 그 OKR에 전념하고 실행하라. http://eleganthack.com/an-okr-worksheet에서 도움이 될 만한 워크시트 자료들을 이용할 수 있다.

Objective
Key
Results

회사의 OKR에 팀의 OKR 맞추기

디자인, 기술, 재무, 고객서비스 같은 특정 기능을 하는 팀들은 그들이 어떻게 회사의 사업 목표에 기여할 수 있는지 이해하기가 쉽지 않다. 이런 팀들이 어떻게 기여하고 있는지를 비롯해 어려운 질문들을 던지고, 직원들이 창의적으로 일하도록 격려하면 이들로부터 더 풍요롭고 훌륭한 지원을 이끌어낼 수 있다. OKR 코치 벤 라모르테(Ben Lamorte)가 한 기술 팀장과 나눴던 대화를 소개한다.

OKR 코칭 사례: 기술팀의 매출 기여도를 수량화하기
—

※ OKRs.com 대표 벤 라모르테 작성. 벤 라모르테는 기업 리더들이 가장 중요한 목표들을 정하고 그 목표들을 향해 측정 가능한 진전을 보이도록 돕고 있다. 그는 수십 곳의 기관에서 수백 명의 관리자들을 코치해왔다. 자세한 소개는 www.OKRs.com을 참고하라.

실제로 OKR 코칭 시간에 CEO는 코치가 불러주는 OKR을 단순히 받아 적는 것이 아니라 직접 자신의 OKR을 만들어낸다. 전문적인 OKR 코칭이 OKR의 질과 효율성을 어떻게 극적으로 향상시킬 수 있는지 한 OKR 코칭 시간에 나눈 대화 내용을 살펴보자. 다음은 한 소프트웨어 대기업의 기술팀을 위한 코칭 시간에 있었던 대화 내용이다.

기술 부문 팀장(이하 팀장) 제 중요한 목표는 영업팀이 목표를 달성하도록 돕는 겁니다.

OKR 코치(이하 코치) 영업팀이 목표를 달성하는 데 기술팀이 기여했다는 것을 분기 말에 어떻게 알 수 있을까요?

팀장 음, 좋은 질문이네요. (말을 멈춤.)

코치 좋아요. 그럼 지난해에 기술팀이 판매 과정에 기여했던 시기에 제품을 구매한 적이 있는 고객의 이름을 하나 말해줄 수 있으십니까?

팀장 아니요. 하지만 그런 정보를 가지고 있으면 아주 좋을 것 같군요. 사실 우리가 영업팀이 계약을 체결하는 것을 직접적으로 돕는 건 아닙니다. 그보다는 계약이 잘 진행되도록 돕는 편이죠.

팀장은 다음과 같은 핵심 결과지표들을 제안했다.

- 2분기에 예상되는 주요 계약 다섯 가지를 위한 영업 지원 제공
- 2분기 말까지 영업팀을 위한 교육 개발

이 두 가지 표현은 방향성은 있지만 측정 가능하지 않다. OKR 코치가 어떻게 이 두 가지 표현을 측정 가능한 핵심 결과지표로 바꾸도록 도왔는지 살펴보자.

코치 '2분기에 예상되는 주요 계약 다섯 가지를 위한 영업 지원 제공' 이라는 지표에서 주요 계약과 덜 중요한 계약 사이에 구분되는 차이점이 있습니까? (모호성을 언급하여 이 문구를 '명료하게' 만든다.)

팀장 별로 없습니다.

코치 팀장님과 영업 부문 팀장님은 '주요 계약'이라는 정의에 동의하십니까? (다른 부서에 대한 '지원' 문제는 공동으로 정의한다는 점을 확실히 한다.)

팀장 '예상되는 주요 계약'이라는 말을 '첫해 잠재수익이 10만 달러 이상 예상되는 거래'로 바꾸겠습니다. 그런 다음 이 정의

를 영업 팀장에게 알리고 동의를 얻도록 하겠습니다.

코치 이전에 이런 영업 지원 이벤트들의 수를 측정해본 적이 있으십니까? (과거의 측정 지표 사용 행태를 확인해서 그 핵심 결과지표가 '측정 가능한지' 알아본다.)

팀장 아니요.

코치 영업 지원을 하면서 기술팀이 의도하는 결과는 무엇입니까? (업무가 아니라 결과에 초점을 맞추기 위해, 목표를 달성함으로써 의도하는 결과를 묻는다.)

팀장 영업 과정을 계속 지원하든가, 아니면 지원을 끝내든가 둘 중 하나일 겁니다.

코치 영업 지원을 했던 다섯 개의 거래가 모두 체결되지 않으면 어떻게 될까요? 그렇더라도 기술팀은 목표를 달성하신 건가요? ('지원'을 확실히 하기 위한 경계 조건 질문)

팀장 아니요. 기술적인 이유로 거래를 놓치면 그것은 성공으로 간주되지 않습니다. '우리 상품을 기술적인 문제 때문에 결정하지 않는 것은 아닌지 알아보기 위해 10만 달러 이상이 예상되는 거래를 세 가지 이상은 지원하지 않는다'라고 바꾸는 게 좋겠군요.

코치 방향은 제대로 진행되고 있지만 표현이 부정적입니다. 이것을 '기술통과율에 대한 기준 수치를 얻는다' 처럼 긍정적인 형태로 바꾸면 어떨까요? 예를 들어 10만 달러 이상 예상되는 거래가 10개 있는데, 8개가 기술적인 문제 없이 진전된다면 기술통과율은 80퍼센트인 겁니다. (핵심 결과지표가 '긍정적'이 되도록 한다.)

기술 팀장은 기술통과율을 측정한다는 생각을 무척 좋아했다. OKR 코칭 결과, 그는 기술팀이 매출에 기여하는 정도를 수량화하는 기술통과율을 적용하는 것에 대해 영업 팀장과 협의하기로 했다.

OKR 시작하기

OKR을 도입할 준비가 되었다면 시행 시기를 신중하게 계획해야 한다. OKR에 대한 교육을 마쳤고(아니면 조사를 끝냈고) 모두가 이해했으며 시작할 준비가 되었다면 다음과 같은 접근법을 권한다.

OKR 시행 순서

—

1. 모두가 목표를 제출한다

모든 직원들이 다음 분기에 회사가 추구해야 한다고 생각하는 목표를 제출한다. 이렇게 하면 OKR에 대한 지지가 높아지고 사내 분위기를 긍정적으로 이끌 수 있다. 회사의 규모가 크다면 책임자가 부하직원들의 의견을 받아서 취합하거나, 아니면 설문 조사를 통하거나 컨설턴트가 의견을 수집해 관련 있는 것

Objective
Key
Results

끼리 묶어서 경영진에게 건넬 수 있다.

2. 토론을 통해 목표를 정한다

반나절의 시간 동안 경영진은 수집한 목표들을 논의한 뒤 한 가지를 선정한다. 이 과정은 시간을 많이 들일 가치가 있으며, 이때 격렬한 토론과 협상이 이뤄져야 한다. 그다음에는 앞서 설명한 대로 핵심 결과지표들을 정한다. 나는 90분 정도의 짧은 회의 시간에도 OKR을 성공적으로 세우는 모습을 봤다. 회의 연기, 과제 거르기, 결정을 내리지 못하는 우유부단함 등은 OKR 선정을 질질 끌고 지연시킨다. 이런 요소들은 인사 관련 문제들이며 경영진 차원에서 다뤄져야 한다. 회사의 목표는 회사의 목숨과 같다. 전념하라!

3. 경영진이 해야 할 일

경영진은 그 분기의 OKR을 직속 팀장들에게 알려주고 팀장들이 각 팀의 OKR을 세우도록 해야 한다. 이 또한 팀장과 그의 팀이 다 함께 모여 두 시간 동안 회의를 해서 정해야 한다. 회의는 자유롭게 목록 적기, 그룹 짓기, 순위 정하기, 선정하기 등 기본적으로 똑같은 방식으로 진행한다.

4. CEO의 승인

약 한 시간으로 하되, 팀장들 중 완전히 잘못 이해하고 있는 사람이 있을 경우를 대비해 후속 논의를 덧붙인다. 오직 이것에 집중하기 위해 하루 전체를 잡아도 괜찮다.

5. 소통

팀장은 회사의 OKR과 팀의 OKR을 하위 팀들에게 알려주고, 이들이 각 팀별로 OKR을 세우게 한다.

6. 선택 사항

만일 회사에서 개별 OKR도 시행하고 있다면 그것들도 지금 정하라. 개별 OKR은 관리자에게 승인을 받는다. 이것은 훌륭한 코칭이 될 수 있다! 개별 OKR을 일대일로 만나 검토하라. 절대로 이메일로 하지 마라.

7. 전체 회의

전체 회의에서 CEO는 정해진 OKR이 그 분기를 위해 왜 필요한 것인지 논의하고, 직속 팀장이 정한 몇 가지 훌륭한 목표들에 대해 이야기하라. 또한 지난 분기의 OKR도 검토하고, 지난

Objective
Key
Results

분기에 달성한 중요한 업적 몇 가지를 소개하라. 긍정적이고 확신에 찬 분위기로 회의를 이끌어라.

이것이 앞으로 매 분기에 반복해야 하는 일반적인 흐름이다. 만일 2주 안에 OKR을 정할 수 없다면 우선순위들을 먼저 검토해봐야 한다. 회사가 합심해 서로를 지지하기 위해서 목표를 잘 세우는 것보다 더 중요한 일은 없다.

분기 말 점검
—

목표에 전념하고 축하하는 의식을 정기적으로 진행해왔다면 아마도 분기가 끝나기 2주 전에 이미 OKR을 달성했는지, 아니면 실패했는지를 알 수 있을 것이다. 마지막 남은 2주 동안 마술처럼 해결책을 내놓을 수 있을지도 모른다고 자신을 속이지 마라. 그렇게 짧은 시간에는 아주 가끔 찾아오는 기적이 일어나지 않고서야 불가능하다.

당신은 핵심 결과지표 하나를 놓쳤다는 사실을 인정하거나, 아니면 핵심 결과지표 하나를 너무 낮게 세워서 너무 쉽게 달성했다는 점을 인정해야 한다. 그 경험을 다음번에 목표를 정할 때 교훈으로 이용하라.

OKR에서는 지속적인 발전과 학습이 중요하지, 목록에서 확인 표시를 하는 게 중요한 것은 아니다. 만일 당신이 핵심 결과지표들을 아무것도 달성하지 못했다면? 그렇다면 자신에게 그 이유를 묻고, 고쳐라. 당신이 핵심 결과지표들을 전부 달성했다면? 더 어려운 목표들을 세우고 계속 전진해나가라. 더 배우고, 더 똑똑해지고, 매주 금요일에 축하할 수 있는 더 훌륭한 일들을 이뤄내는 데 초점을 맞춰라.

첫 시도에 실패하지 않는 법
—

OKR을 처음 시도할 때는 실패할 가능성이 크다. 그리고 어쩌면 당신의 팀원들은 그 방식에 환멸을 느끼고 다시는 시도하고 싶지 않을 수도 있다. 그렇기 때문에 위험할 수 있다. 그러나 단지 방법을 익히는 데 약간의 시간이 걸린다는 이유로 이렇게 좋은 도구를 잃어서야 되겠는가? 이런 위험 요소를 줄이기 위한 세 가지 방법을 소개한다.

Objective
Key
Results

1. 단 하나의 OKR로 시작한다

회사를 위한 단 하나의 OKR로 시작하라. 회사를 위한 간단한 목표 하나를 정함으로써 직원들은 경영진이 높은 기준을 적용한다는 사실을 알게 된다. 그러면 다음 분기에 똑같이 하기를 요청받아도 직원들은 그리 놀라지 않을 것이다. OKR을 하나만 정하면 실행을 단순화하고 누가 OKR을 받아들이기로 결심했는지, 누구는 코칭이 필요한지를 알 수 있다.

2. 한 팀에서 시험해본다

회사 전체에서 시행하기 전에 먼저 한 팀이 OKR을 시도하게 하라. 목표들을 달성하기 위한 모든 기술을 보유하고 있는 독립적인 한 팀을 선택하라. 그들이 성공하면 그 성공을 자랑스럽게 알리고, 그렇지 않은 경우에는 그들이 완전히 숙달될 때까지 한두 주기를 기다린 후에 OKR을 회사 전체에 적용하라.

3. 먼저 프로젝트 차원에서 시행한다

사람들에게 '목표-결과 방식'을 교육시키기 위해 먼저 프로젝트들을 진행할 때 OKR을 이용해 시작해보라. 영국의 개더콘텐트(GatherContent)는 그 훌륭한 본보기다. 그들은 중요한 프로젝트가 있을 때마다 먼저 이 프로젝트의 목표가 무엇이며 그들이 성공했는지를 어떻게 알 수 있는지 질문한다(자세한 내용은 뒤에 소개하는 글을 참고하라).

작은 것부터 시작하고 조직에서 OKR이 어떻게 효과를 낼지 배우는 데 집중하다 보면, 점점 결과 중심 접근법을 시행할 기회들을 늘리고 직원들이 환멸을 느낄 만한 위험 요소를 줄일 수 있다.

Objective
Key
Results

제품 개발에 OKR 적용하기

※ 개더콘텐트 상품책임자 앵거스 에드워드슨(Angus Edwardson) 작성.

지난 몇 년간 개더콘텐트는 OKR을 몇 가지 다른 방식으로 이용하면서 다양한 실험을 해왔다. 우리는 모든 사람이 동일한 목표에 집중하게 하기 위해 OKR을 회사 전체에 적용했으며, 각 팀에 자율성을 허용하기 위해 팀별 OKR을 세우도록 했고 직원들의 개인적인 발전을 독려하기 위해 개별 OKR도 세우게 했다.

그러나 OKR을 가장 지속적이고 효율적으로 사용하는 경우는 제품팀의 프로젝트들을 위해서 사용할 때였다. 개더콘텐트에서는 새로운 제품이나 기능을 개시하는 사람이면 누구나 분명한 목표와 핵심 결과지표를 정하는 것이 필수다. 이것의 목적은 우리가 왜 이 일을 하며 어떻게 성공하기를 바라는지 더 잘 이해하는 것이다.

효율적인 실행을 위한 칸반 시스템

—

개더콘텐트에서는 출시할 가치가 있다고 판단되는 최소기능제품(MVP, Minimum Viable Product) 하나가 나올 때까지 새로운 기능들의 복잡성을 줄이려고 노력한다. 제품팀은 일정 관리를 위한 애자일 개발 방법의 하나인 칸반(Kanban) 시스템을 이용한다. 칸반 시스템은 모든 프로젝트들을 벽에 붙이고 일을 해나가면서 '해야 할 일'에서 '진행 중', 그리고 '완료'로 옮기며 '수거'하는 방식이다.

팀이 새로운 프로젝트를 시작할 준비가 되면 우리는 로드맵에서 최소기능제품을 떼어내어 개발에 돌입한다. 로드맵에 있는 모든 최소기능제품들은 칸반 카드들에 기재되는데, 이 카드들에는 표준화된 설명, 필요조건들, 추가적인 메모와 개요들도 들어가 있다. 이 구조 덕분에 다음에 무슨 일이 일어날지를 다른 사람들과 소통하기 쉽고 순조롭게 개발 과정으로 들어갈 수 있다. 또한 프로젝트를 위한 목표와 프로젝트가 성공했을 경우 기대하는 핵심 결과지표들도 여기에 집어넣는다.

칸반 카드에 OKR을 넣으면 무슨 일이 되었든 개발을 시작하기 전에 먼저 두 가지 중요한 질문에 답을 해야 한다.

Objective
Key
Results

1. 이 기능을 도입해 우리가 이루고자 하는 것은 무엇인가?

2. 성공인지 실패인지 어떻게 측정하는가?

우리가 사용하는 카드들은 대략 이런 모습이다.

그림에서 보듯이 우리는 '목표'라는 말 대신 의미가 조금 다른 '가설'이라는 말을 사용한다. 이것은 상품 개발에 좀 더 실험적인 접근을 독려하기 위함이다. 우리는 '이렇게 될 거야'라고 말하지 않고 '우리 생각에는 이렇게 될 것 같아'라고 말한다. 그다음에는 우리가 세운 가설이 사실이거나 틀렸음이 입증된다. 이렇게 하면 마치 과학자가 된 듯한 기분도 든다.

가치 생산을 위한 합리적 접근

이런 방식으로 OKR을 사용하면 명확한 소통을 통해 합리적인 근거를 들어 모든 기능들을 샅샅이 조사하기 때문에 정직한 가치를 얻을 뿐만 아니라, 다른 과정에서도 엄청난 가치가 따라온다.

일의 우선순위를 정할 수 있다

OKR을 제대로 사용하면 예상되는 결과에 기초해 로드맵 단계에서 일의 우선순위를 정할 수 있다. 즉, 회사의 목표를 바탕으로 일의 우선순위를 정할 수 있다.

제품과 회사의 목표가 연결된다

만일 회사의 목표가 새로운 고객들의 비율을 높이는 것이라면 그 목표에 가장 큰 영향을 줄 것이라고 생각하는 순서대로 제품 특징들의 우선순위를 정할 수 있다. 이는 회사와 팀의 OKR을 연결하고 모두가 기분 좋게 서로를 지지하도록 만들어준다.

다른 사람들과 협업할 수 있다

사람들은 다음에 무슨 일이 올지 이야기하는 걸 좋아한다. 회사에서 다른 사람들과 로드맵에 대해 논의하는 것은 좋지만, 체계가 없다면 교착상태에 빠지기 쉽다. 모든 사람은 자신과 관련이 있는 사업 분야를 편애하기 때문이다. 어떤 특징의 이면에 있는 사업 논리를 빨리 설명할 수 있다면 이런 대화들을 훨씬 더 효과적으로(그리고 덜 감정적으로!) 만들 수 있다.

만일 다른 사람은 다른 뭔가가 더 가치 있다고 생각한다면 당신은 OKR을 통해 왜 그것이 가치 있다고 생각하는지(가정), 그것이 실제로 얼마나 가치가 있을지(핵심 결과지표) 어렵지 않게 논의할 수 있다. 이것은 건설적인 협업을 독려한다.

효율적인 측정과 학습이 가능하다

수량화할 수 있는 목표들을 측정하는 가장 큰 이점은 결과들을 평가할 수 있고, 더 중요하게는 그런 결과들로부터 배울 수 있다는 점이다. 간단한 스프레드시트를 이용해 그간 출시했던 모든 최소기능제품의 핵심 결과지표들을 점검하고, 거기에서 무엇을 배울 수 있는지를 알아내기 위해 정기적으로 재검토한다. 예전에는 이런 결과들을 언제 측정해야 할지 몰라 애를 먹었다. 이제는 각 OKR을 측정할 마감 시간을 정한다. 일단 마감 시간이 되면 결과들을 모으고, 다 함께 모여 달성하지 못한 모든 것들, 예상치 못했던 결과들, 새로 알게 된 사항들에 대해 논의한다.

칸반 카드에 OKR을 덧붙임으로써 우리는 우선순위를 더 잘 정할 수 있게 되었고, 더 빨리 알 수 있게 되었고, 더 효과적으로 소통할 수 있게 되었다. 이것은 우리가 지금 하고 있는 일을 왜 하는지 습관적으로 소통할 수 있는 훌륭한 방법이다.

Objective
Key
Results

OKR 점검 및 보고 과정 개선하기

처음으로 주간 현황 점검 이메일을 써야 했던 때가 떠오른다. 2000년에 나는 야후에서 막 승진해 작은 팀 하나를 이끌고 있었다. 그리고 '금주에 당신의 팀이 완수한 일을 정리해서 금요일까지 현황 점검 이메일을 보내라'는 지시를 받았다. 음, 내 기분이 어땠는지는 쉽게 상상할 수 있을 것이다. 나는 우리 팀이 제대로 일하고 있다는 사실을 증명해야 했다! 우리의 존재를 정당화하는 것뿐만 아니라 직원이 더 필요하다는 점도 알려야 했다. 모두가 알겠지만, 팀의 직원 보충은 좋은 신호다.

그래서 나는 모두가 하는 대로 했다. 우리 팀원들이 한 일을 전부 나열해서 그야말로 해독 불가 수준의 보고서를 작성했다. 그러고 나서 부하 관리자들에게 똑같은 형태로 보고서를 작성하도록 시켰으며, 나는 그것들을 순서대로 모아 훨씬 더 길고 끔찍한 보고서를 만들었다. 그리고 이렇게 완성된 최종 보고서를 당시 디자인 팀장이었던 아이린 오(Irene Au)와 총책임자였던 제프 와이너에게 보냈다(현명하게도 제프는 위에 요약을 써달라고 다시 요청했다).

그렇게 나는 기껏해야 훑어보기만 하고 버려질 길고 지루한 보고서들을 쓰면서 여러 번 직장을 옮겼다. 그러다 한번은 그런 보고서들을 직접 쓰기를 그만두었다. 나는 부하 관리자들이 보고서를 작성해 프로젝트 책임자에게 보내도록 했고, 그 프로젝트 책임자가 그것들을 모아 내게 보내주게 했다. 나는 잘못된 부분이 없나 검토한 후에 상사에게 전달했다. 어떤 주에는 그것을 검토하는 일조차 깜빡했지만, 그에 관해 어떤 말도 듣지 못했으니 진정 모두의 시간 낭비였다.

그 후 2010년에 징가로 자리를 옮겼다. 물론 징가에 대해 이런저런 말들이 많은 것을 알고 있다. 하지만 그들은 조직이 잘 돌아가게 하는 점에서는 정말로 뛰어났다. 그중 한 가지가 바로 현황 점검 보고서였다. 모든 보고서들은 전체 경영진에게 발송되는데, 나는 그 보고서들을 읽는 것을 매우 좋아했다. 사실이다. 나는 정말로 그것들을 읽는 것을 '좋아했다.' 그런 보고서들이 20개가 있어도 말이다. 왜일까? 그 보고서들에는 중요한 정보가 이해하기 쉬운 양식으로 펼쳐져 있었기 때문이다. 나는 내가 해야 할 일을 이해하고, 어떤 일이 제대로 진행되고

Objective
Key
Results

있는지 살펴보기 위해 그 보고서들을 이용했다. 징가가 초반에는 다른 어떤 회사보다도 빠르게 성장했었다는 사실을 알아주기 바란다. 나는 그들의 효율적인 소통 방식이 그런 빠른 성장세에 크게 기여했다고 생각한다.

징가를 나온 뒤 나는 컨설팅을 시작했다. 그리고 그 현황 점검 이메일에 애자일 방법에서 따온 약간의 요령을 덧붙여 내가 함께 일했던 다양한 회사들에 맞도록 조정했다. 이제 내게는 어떤 조직에도 효과를 발휘하는, 다음과 같은 간단하고 확실한 포맷이 하나 있다.

1. 회사의 OKR과 자신감 점수를 표시하라

모두에게(그리고 이따금 당신 자신에게도) 지금 하고 있는 일을 하는 이유를 상기시키기 위해 OKR을 정한다. 그리고 핵심 결과지표를 달성할 가능성이 얼마나 될지를 1~10점 사이의 점수로 매겨본다. 1점은 절대로 실현되지 못할 것이고 10점은 성공이 확실한 것이다. 자신감이 3점 이하로 떨어지면 빨간색으로 표시하고, 7점을 넘으면 녹색으로 표시한다. 색깔로 표시하면 그것을 빨리 훑어보고 상황을 알아차릴 수 있어서 당신의 상사와 팀원들 모두가 만족해할 것이다. 이렇게 자신감 점수를 표시해

놓으면 당신과 팀원들이 발전 상황을 점검하고 필요 시 초반에 고치는 데 도움이 된다.

2. 지난주 우선순위 업무들과 달성 현황을 작성하라

만일 달성하지 못했다면 몇 마디로 이유를 설명하라. 이렇게 하는 이유는 조직이 목표를 완수하지 못하도록 방해하는 요소를 파악하기 위해서다.

3. 다음 주의 우선순위 목록을 작성하라

P1을 딱 세 가지만 적는다. P1들은 다양한 단계를 아우르는 아주 알찬 일이어야 한다. '지노(xeno) 프로젝트 사양 완성하기'는 훌륭한 P1이다. 이것은 제작은 물론 다양한 팀의 검토와 승인까지 포함하는 일이며, 상사와 다른 팀들에게 당신이 연락을 취하리라는 점을 미리 알려준다. '법률팀과 이야기하기'는 나쁜 P1의 예시다. 이것을 하는 데는 약 30분밖에 걸리지 않으며 분명한 성과도 없고, 자잘한 업무 같은 느낌이다. 뿐만 아니라 심지어 무엇에 대해 이야기하려는 것인지도 알려주지 않았다! P2를 두어 개 추가할 수 있지만 그 또한 다음 주의 P2가 될 만큼 가치 있고 알차야 한다. 항목은 더 크고 더 적을수록 좋다.

Objective
Key
Results

4. 모든 위험 요소들과 장애물들의 목록을 작성하라

애자일 기법처럼 스스로 해결할 수 없는 문제들에 도움이 될 만한 것을 모두 적어라. 누구 책임인지 따지지 마라. 당신의 책임자는 당신과 동료가 '이건 저 사람 탓이에요'라고 비난하는 말을 들으면서 엄마 역할을 하고 싶어 하지 않는다. 뿐만 아니라 시간을 내기 어려운 척하는 사업 파트너나, 예상보다 해결하는 데 시간이 더 걸리는 까다로운 기술 문제 등, 당신이 마음먹은 것을 완수하는 데 방해가 될 수 있는 것은 모두 목록으로 작성하라. 상사들은 갑작스러운 소식을 좋아하지 않는다. 상사들을 놀라게 하지 마라.

5. 메모를 이용하라

마지막으로, 이런 카테고리들에 맞지 않지만 당신이 꼭 넣고 싶은 사항이 있다면 메모를 덧붙여라. '짐 덕분에 아마존 출신의 환상적인 남자를 고용했음. 짐, 고마워!'는 괜찮은 메모다. 마찬가지로 '공지: 금요일, 팀 전체 자이언츠 경기 관람'도 좋은 메모다. 메모는 짧고, 시의적절하고, 유용해야 한다. 변명이나 심리치료, 소설 쓰기용으로 메모를 사용하지 마라.

주간 현황 점검 이메일의 예

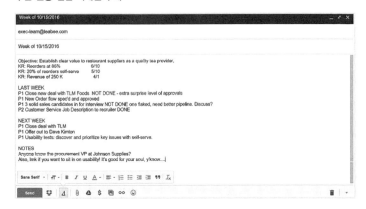

이 포맷은 거대 조직들이 안고 있는 조직화 문제도 개선한다. 옛 방식으로 현황 점검 보고서를 쓸 때 나는 목요일 밤까지 팀의 현황 점검 보고서를 받아야만 했다. 그 보고서들을 모아서 사실을 점검하고 편집할 시간이 필요했기 때문이다.

그러나 이 시스템 덕분에 나는 내 우선순위들이 무엇인지 알게 되었고 부하직원들의 현황 점검 보고서들을 오직 그들의 우선순위와 내 우선순위가 일치하는지를 확인하기 위한 수단으로만 사용한다. 그래서 금요일에 부하직원들의 보고서를 받으면 바로 내 보고서를 발송한다. 우리는 계속 서로에게 전념하고, 정직하고, 집중한다.

Objective
Key
Results

업무는 잡일의 목록이어서는 안 되며 함께 공유하는 목표들을 향한 집단의 노력이어야 한다. 현황 점검 이메일은 모두에게 이 사실을 상기시키며 우리가 체크 박스에 표시를 하는 데에만 연연하지 않도록 돕는다. 직원들의 노력을 조직화하는 것은 회사의 경쟁력과 혁신 능력에 몹시 중요하다. 전략적 측면에서도 현황 점검 이메일을 포기해서는 안 된다. 활용하기에 따라 그것은 중요한 자원을 낭비하는 잡무가 될 수도 있고, 팀들을 연결하고 서로를 지지하게 만드는 방법이 될 수도 있다.

OKR을 실패로 이끄는 요인

—

회사들이 OKR을 시행하는 것을 도우면서, 나는 그들이 직면했던 난관들에 대해 훌륭한 대화를 많이 나눴다. 이들을 실패로 이끄는 흔한 실수들이 있다. 내가 생각하는 실패란 OKR을 하나도 달성하지 못하는 것, OKR을 전부 달성하는 것, OKR 과정이 회사에 아무런 도움이 되지 못하는 것이다. 그 원인으로는 다음과 같은 것들이 있다.

한 분기에 너무 많은 목표를 세웠다

오직 한 가지만 세워라. 회사의 모든 사람들이 머릿속에 새기고 있을 만큼 OKR은 아주 명확해야 한다. 만일 OKR이 다섯 개가 있다면 절대로 성공하지 못한다.

구글이라면 회사의 OKR이 여러 개가 필요할 수도 있다. 그들은 검색엔진, 지원 브라우저, 소셜 네트워크까지 시도하고 있으며 자율주행 자동차도 개발하고 있다. 만일 구글이 '모든 상품을 최고로 친근하게 만들기' 라는 단 하나의 목표를 세운다고 상상해보라. 자율주행 자동차를 설계하는 직원들은 키트와 같은 드라마 속 인공지능 자동차를 만들어낼지도 모른다. 그런 차를 타면 즐거운 기분이 들지 모르나 자동차 시장에서 가장 각광받는 차는 아닐 것이다.

따라서 서로 크게 다른 시장을 겨냥한 매우 다른 사업들을 운영한다면 각 시장과 사업마다 OKR을 다르게 정해야 한다. 그렇긴 해도 대부분의 회사들(그리고 모든 벤처기업들)은 단 하나의 대범한 OKR을 통해 조직을 통합하고 효율성을 높인다.

OKR을 한 주 또는 한 달 주기로 세웠다

목표가 '제품/시장 적합성 찾기' 가 아닌 이상 벤처기업이 제품

Objective
Key
Results

/시장 적합성을 찾아내기도 전에 OKR을 사용해야 하는지는 나도 확신이 서지 않는다. 만일 이 방법에 한 주 이상 집중할 수 없다면 분명 아직은 OKR을 시행할 준비가 되지 않은 것이다. 제품/시장 적합성을 찾았다면 3개월 동안 여기에 전념하라. 어쨌든 진짜로 대범한 일이라면 어떻게 그보다 짧은 시간에 해낼 수 있겠는가? 만일 일주일 안에 완수할 수 있다면 그것은 그저 하나의 업무임이 틀림없다.

지표 중심의 목표를 세웠다

이는 많은 경영학 석사들이 실패하는 원인이다. 당신은 숫자를 사랑하고 돈을 사랑한다. 누가 그렇지 않겠는가? OKR은 다양한 분야의 팀들을 통합한다. 즉, 몽상가 디자이너들, 이상주의자 기술자들, 세심한 고객서비스 팀원들을 모두 아우른다는 뜻이다. 목표는 사람들이 침대에서 뛰어나와 새로운 하루와 새로운 도전을 맞이할 태세를 취하게 하는, 고무적인 행동 개시 메시지여야 한다.

자신감 점수를 정하지 않았다

어떤 조직에선 직원들이 핵심 결과지표의 70퍼센트를 달성하도록 압박을 받기 때문에 핵심 결과지표 중 두 개는 쉽게 세우고 하나는 불가능할 정도로 어렵게 세우는 사례를 많이 봤다. 핵심은 그게 아니다! OKR은 하나의 원대한 목표를 세우도록 독려하는 것이 목적이다. 그렇게 해서 당신이 정말로 할 수 있는 일을 알아내는 것이다. 10점 만점에 5점으로 자신감 점수를 정하는 것은 당신이 그 목표를 달성할 확률이 50퍼센트라는 뜻이며, 당신의 능력을 최대한 발휘하라는 뜻이다.

자신감 점수의 변화를 추적하지 않았다

분기의 마지막 달에 이르러 문득 OKR에 집중하는 걸 잊었다는 사실을 깨닫는 것보다 짜증 나는 일은 없다. 새로운 정보가 생길 때마다 변화를 표시하라. 팀원들에게 그들이 오랫동안 5점에 머물러 있었다는 것을 상기시켜라. 그들을 도와라.

월요일에 OKR 표를 상황 보고용으로 사용했다

논의가 필요한 것을 논의하라. 우선순위로 정한 일들이 정말로 핵심 결과지표들을 진전시킬 것인가? 다가오는 프로젝트들의 로드맵은 조직화를 필요로 하는가? 팀의 건전성 상태는 어떤가? 왜 그런가?

Objective
Key
Results

금요일에 엄격해졌다

일주일 내내 자신과 서로에게 엄격하게 대했으니 금요일에는 맥주나 한잔 나누면서 함께 이뤄낸 일들을 축하하도록 하라. 핵심 결과지표들을 전부 달성하지 못했다면 당신과 동료들이 얼마나 큰 목표들을 세웠는지 자랑스러워하라.

OKR과 업무 평가

※ 워크보드(Workboard) CEO 디드러 팍나드(Deidre Paknad) 작성. 워크보드는 OKR을 지속적으로 시행하여 일상 업무에서 사람들이 목표에 집중할 수 있게 하고 팀을 초월한 지속적인 투명성을 유지하게 해준다.

지난 10여 년 동안 회사의 위대한 목표들은 납치라도 된 듯 사라졌고, 따라서 마술 같은 강력한 힘도 잃어버렸다. 개인적인 삶에서도 목표는 그 사람의 열망을 담고 중요한 결정들을 실행하게 만드는 추진 요인이다. 하지만 직장에서, 특히 대기업들에서 약 3분의 2에 해당하는 사람들이 보상 외에는 어떤 것에도 별로 관심이 없다고 말한다. 가장 강력한 동기 유발 요인이자 만족감을 주는 요소 중 하나가 많은 대기업들에서 사라져버렸다. 기업의 리더들과 직원들 개인이 그들 자신과 팀, 회사를 성장시키기 위해 열정 가득한 목표를 세우는 모습은 더 이상 찾아볼 수 없게 되었다.

목표가 사업 성과를 내도록 이끄는 것이 아니라 업무 평가가

Objective
Key
Results

목표들을 몰아붙일 때, 목표는 단순히 연례 업무 평가를 위해 만들어진다. 목표들이 열두 달 뒤의 보상 결과를 보장하기 위해 정해진다면 더욱 모호하고 달성 기준도 낮아지기 마련이다. 게다가 사업의 속도가 빨라지면 연간 목표들은 사업 현실과 더욱 동떨어지고 더욱 약화된다. 이는 특히 대기업의 경우에 더 심각한 문제지만, 신생 조직들에서도 목표가 회사 전체가 아니라 CEO와 이사회가 공유하는 것쯤으로 변질된 경우가 많다. 양쪽 모두, 사람들이 일상에서 그들의 시간과 노력을 들여 훌륭한 결정을 내리거나 훌륭한 성과를 내도록 하는 데 도움이 되지 않는다.

목표의 마술 같은 힘 회복하기
—

먼저 목표를 성과 평가 도구가 아니라 영감을 주고 성과를 높이는 도구로 재구성하는 것부터 시작한다. 즉, 조직 내에서 목표를 제시하고 실행하는 방식을 바꾸는 것이다. 성공을 향한 열망이 담긴 단기 목표들을 세우고 공격적이고 양적인 지표들과 주간 실행 리듬, 책임감을 갖게 하는 의식들을 결합해서 형편없고 느린 결과 대신 빠르고 훌륭한 결과들을 이뤄내려고 노력해야 한다.

이런 목표들은 구식의 관리부서형 목표들이 아니라 역동적이고 감지할 수 있으며 매일 사람들에게 진심으로 영감을 주는 것이어야 한다. 이런 목표들은 훌륭한 결과를 이뤄내고 싶은 인간의 자유의지에서 나오며, 짧은 주기로 실행 리듬을 타면서 더 많은 결과와 더 나은 만족감을 얻을 수 있다. 이 마술 같은 일이 바로 다섯 단계 뒤에 펼쳐진다.

1: 목표를 통해 성공을 정의하라
—

목표는 놀라운 결과를 내도록 영감을 주고 더 나은 것을 향한 우리의 본능을 포착할 때 큰 효과를 낸다. 목표는 모든 사람에게 위대한 승리란 무엇인지를 설명해줄 수 있어야 하며, 사람들을 한 번 단결하게 만드는 일회성 요소가 아니라 실시간 진행형이어야 한다.

목표를 향해 나아가는 것을 감지할 수 있을 때 우리는 더욱 전념할 수 있고 일상에서 목표를 실행하는 데 집중할 수 있다.

Objective
Key
Results

단기적인 명확한 목표들과 지표들을 규정하면 우선순위들을 정하고 사람들이 가장 가치 있는 활동들에 집중할 수 있도록 할 수 있다(리더들은 사람들이 자신의 목표를 얼마나 잘 이해하는지를 과대평가하는 경향이 있는데, 실제로 자신의 목표를 잘 이해하는 사람은 겨우 7퍼센트에 불과하다!).

2: 기대치를 높여 성과를 증폭시켜라

—

OKR 같은 기법은 일어날 법한 결과들이 아니라 가능한 한 가장 뛰어난 결과를 내도록 도와준다. 포부가 크고 열망이 담긴 표현들과 뛰어난 결과들을 나타내는 핵심 결과지표들을 통해 조직 내 모든 사람에게 그들이 달성하려고 노력 중인 것이 무엇인지, 그들의 시간을 어디에 써야 하는지를 극명하게 알려준다. 이것이 핵심이다. 기존의 방식들이 사람들에게 기대치를 낮추라고 독려하는 반면, OKR은 기대 수준을 아예 제거하고 가능한 한 가장 훌륭한 결과에 집중하게 만들면서 성과를 증폭시킨다. OKR을 이용해 그런 가능성들을 극대화하고 있다면 업무 평가는 생각하지 마라.

3: 실시간으로 성과를 관리하라

—

OKR과 목표는 실행이 되어야만 훌륭하다. 따라서 12주로 구성된 분기에서 단기적 목표로(그리고 매출로) OKR을 달성해나가는 매 주가 중요하다. 사업 속도가 빨라지면서 리더들은 직원들의 주의가 흐트러지지는 않았는지, 장애물을 극복하지 못하지는 않았는지, 방향을 잃지는 않았는지 알기 위해 월별 점검이나 분기별 점검을 앉아서 기다리고 있을 수만은 없다. 활발하고 지속적인 소통을 통해 실시간으로 목표들을 점검하고 지속적이고 확실하게 실행되는지 확인하라. 그래야 사람들이 계속 목표에 집중하도록 도울 수 있고 결과를 쉽게 예측할 수 있으며 책임감을 독려할 수 있다.

4: 목표들을 이메일처럼 가시적으로 만들어라

—

당신의 팀은 3초 안에 자신의 목표와 당신의 목표를 알고 그 목표들에 대한 발전 상황을 감지할 수 있어야 한다. 받은편지함에서 가장 최근에 온 이메일에 집중하는 시간이 3초 정도라고

Objective
Key
Results

한다. 이메일은 사람들의 시간과 집중을 놓고 목표와 경쟁을 벌이는 대상이다. 우리가 진행한 연구에 따르면 높은 성과를 내는 사람들은 하루를 시작할 때 자신의 목표를 바라보고 의식적으로 시간을 자신의 열망과 목표에 맞게 조정하며 하루를 시작한다고 한다. 목표에 집중하는 조직을 원한다면 매일 모두가 목표에 쉽게 집중하도록 만들어라.

5: 목표들은 양방향으로 통해야 한다
—

오늘날 엄격한 위계 체계는 효과를 내기 어렵다. 그보다는 지위를 초월해 팀을 수평적으로 구성하고 이끄는 데 초점을 맞추는 조직들이 훨씬 더 민첩하고 성공적이다. 목표들이 하향식으로만 진행되는 대기업들은 곧 기회뿐 아니라 시장들까지도 잃고 말 것이다. 재능이 넘치는 사람들과 훌륭한 아이디어들은 조직 내 모든 곳에 있다. 그들의 열망이 흐르게 하라. 그러면 당신은 멈출 수 없을 것이다. 모든 의견이 목표를 중심으로 모이게 해서 혁신이 막히지 않고 더 큰 전략들이 순조롭게 발전하게 하라.

끊임없는 대화로 성과를 평가하라

—

한 번의 업무 평가 대신 끊임없이 대화를 나눠 코치하고 평가하라. 적어도 한 달에 두 번은 일대일 면담을 하고 업무 몰입도, 성과, 지원, 이 세 가지 면을 측정하라. 각 항목을 다섯 단계로 나눠 평가하며 관리자와 직원 모두가 각자의 관점을 이야기해서 인식의 차이가 신속하게 해소될 수 있도록 하라. 그렇게 해서 연말이 되면 직원들은 개선하고 인지할 기회가 있는 대화를 24번은 나눈 셈이 된다. 이 방법은 진실할 뿐 아니라 직원들의 능력을 함양하고 성과를 개선한다. 평가는 간단하다. 왜냐하면 이미 사실들을 공유했고, 깜짝 놀랄 만한 소식이 없으며, 이것은 단지 연속적인 성과 관련 대화인 까닭이다.

Objective
Key
Results

OKR을 이용하는 간단한 팁

- 당신의 회사에 다양한 사업 분야가 있지 않은 이상, 회사의 OKR은 단 하나만 세워라. 집중이 제일 중요하다.
- 하나의 OKR에 석 달을 할애하라. 일주일 내에 목표를 달성할 수 있다면 그것이 과연 대범한 목표일까?
- 목표에서 측정지표들을 분리하라. 목표는 영감을 주는 것이어야 한다.
- 주별 점검 시간에 먼저 회사의 OKR을 다루고 그다음 그룹별로 진행하라. 개인별로는 하지 마라. 개별 OKR은 일대일 면담에서 다루는 것이 더 낫다. 매주 그렇게 시간을 낼 수 있는 사람은 사실 없다.
- OKR은 폭포처럼 흐른다. 회사의 OKR을 세워라. 그다음 그룹과 역할별로 세워라. 그리고 개인별로 세워라.
- OKR이 당신이 하는 일의 전부는 아니다. 그것은 당신이 '반드시' 해야 하는 한 가지 일이다. 배가 앞으로 계속 나아

가려면 사람들을 신뢰해야 한다. 모든 업무를 당신의 OKR에 쑤셔 넣지 마라.

- 월요일 OKR 점검은 대화 시간이다. 자신감 변화와 건전성 지표, 우선순위를 반드시 논의하라.

- 직원들이 회사의 OKR을 제안하도록 독려하라. OKR은 하향식으로 진행되지 않고 양방향으로 진행될 때 훌륭해진다.

- OKR을 여기저기에서 눈에 띄도록 만들어라. 구글은 내부 전산망에 OKR이 있다.

- 금요일 자축 행사는 월요일부터 시작된 엄숙한 분위기를 풀어주는 해독제다. 긍정적이고 즐겁게 하라!

Objective
Key
Results

나는 징가에서 처음으로 OKR을 접했다. 이 방법의 기본 틀은 인텔에서 앤디 그로브가 피터 드러커의 목표관리제도를 시행하면서 탄생했다. 그 후 인텔의 임원이었다가 현재는 클라이너 퍼킨스 코필드 앤드 바이어스(Kleiner, Perkins, Caufield and Byers)의 파트너인 존 도어가 자신이 투자한 모든 벤처기업들에 OKR을 전파하기 시작했다. 그다음에는 구글과 징가 같은 기업들이 OKR을 전적으로 수용해 회사를 통합하고 활기를 북돋기 위해 사용했으며, 이어서 링크드인과(내가 합류한 후 OKR을 도입했다) 제너럴 어셈블리(2013년에 내가 가르쳤다) 같은 기업들도 OKR을 시행하기 시작했다. 그리고 이들의 성공으로 OKR은 기업의 성장을 위한 효과적인 가속장치로 거듭났다.

징가를 떠나면서 나는 벤처기업들에 조언하는 일을 시작했다. 나는 그들이 나처럼 힘들게 모든 것을 배워야 할 이유가 없다고 생각했다. 내 눈에 띈 첫 번째 문제는 치명적인 집중 결여였다. 심지어 제품/시장 적합성을 찾아낸 벤처기업들도 직원들 모두가 비전을 향해 일하게 만드는 것을 몹시 어려워했다. 다음번 자금 유치 주기는 언제나 너무 빨리 다가와서, 모든 직원이 속도를 내 목표를 실행하게 하는 강력한 방법을 찾아내는 것이 절실했다. 그런 그들을 돕기 위해 내가 OKR이라는 카드를 꺼내 든 것은 놀랄 일이 아니었다.

신생 벤처기업들에서 징가의 접근법을 시도했을 때, 나는 그들이 어떤 회의도 견디기 어려워한다는 사실을 알게 되었다. 하물며 심도 있게 분석하는 두 시간짜리 회의는 더더욱 견디지 못했다. 그래서 나는 그런 회의들을 회사의 OKR 상황 점검을 다루고 그다음 각 팀들의 OKR을 점검하는 주간 논의 시간으로 수정했다. 이것은 매우 효과가 컸다. 어떤 회사들은 측정지표 분석으로 논의 시간을 보충했고, 어떤 회사들은 격렬한 논의를 이어갔지만 모두가 목표들을 점검하는 것으로 시작해서 그 목표들을 달성하는 데 커다란 차이를 만들어냈다.

한편 내가 함께했던 모든 회사는 주간 축하 시간이 있었다.

어떤 곳은 제품 출시와 묶어서 축하를 했고, 어떤 곳은 그냥 금요일이니까 축하했다. 그러던 어느 날 나는 그런 축하 행사가 없는 한 벤처기업과 일하게 되었다. 그들은 막 출범한 신생 기업이었고 아직 그런 행사가 결속을 다지는 중요한 의식이라는 생각을 하지 못했다. 그래서 나는 그런 자리를 가지면 좋을 것이라고 권하면서 그 자리가 어떤 형태를 취하면 좋을지까지도 알려줬다. 애자일 기법을 따라 기술 시연을 했던 금요일 자축 시간에 디자이너들이 소외된다는 불평을 들은 적이 있었던 터라, 이때 모두가 시연을 하는 것이 좋겠다고 제안했다.

이것은 놀라운 변화를 가져왔다. 갑자기 모든 팀이 다른 팀은 어떤 일을 하고 있는지 알게 되었고 다른 사람을 존중하기 시작했다. 게다가 OKR은 본질적으로 당신을 세게 밀어붙이고 일단 실패하게 만드는데, 금요일 축하 자리는 고되고 맹렬하게 행군해온 노력에 대한 하나의 해독제가 돼주었다.

조사 과정 중에 나는 OKR의 열렬한 지지자인 구글 벤처스의 릭 클라우(Rick Klau)와 대화를 나눴다. 구글의 OKR 실행 방식은 내가 여기서 권하는 방식과 사뭇 다르다. 릭이 공유하는 비디오와 자료들을 살펴보는 것도 큰 도움이 될 것이다. 개인적인 경험으로 미뤄 보면 내가 여기에서 펼쳐놓은 방법은 대부분의 벤처기업들과 중간 크기의 회사들에게 모두 효과적이다. 하지만 조직은 모두 다르므로, 실패하더라도 망설이지 말고 반복해야 한다.

나는 특히 케이시 야들리(Cathy Yardley)에게 감사의 말을 전하고 싶다. 그녀는 내가 소설가처럼 술술 글을 쓸 수 있도록 도와주었다. 그리고 아래에 이름을 적은 이들은 너무나 훌륭한 교정자 역할을 해주었고 이 책을 어떻게 더 잘 만들 수 있을지에 대해 많은 조언과 통찰력을 제공했다.

제임스 참, 데이비드 셴, 로라 클라인, 리처드 돌턴, 애비 코버트, 댄 클린, 스콧 볼드윈, 앵거스 에드워드슨, 아이린 오, 스콧 버쿤, 호르헤 아랑고, 프란시스 롤랜드, 샌드라 코건, A. J. 칸디, 제프 애트우드, 애덤 코너, 찰스 브루어, 서맨사 소마, 오스틴 고벨라, 앨리슨 쿠퍼, 에드 루이스, 브래드 디카슨, 패멀라 드루인, 데이비드 홀, 스테이시-마리 이슈마엘, 킴 포서퍼, 더렉 페더스튼, 제이슨 앨더먼, 암네 에이자임, 애덤 폴란스키, 조 소콜, 브랜디 포터, 베서니 스톨, 수전 머서, 케빈 호프만, 프란시스 스토어, 레오나드 버튼, 엘리자베스 부이, 데이브 말루프, 조시 포터, 클라우스 카스가드, 에반 리트박, 케이티 로, 에린 멀론, 저스틴 폰체크, 에린 호프만, 엘리자베스 이바라,

해리 맥스, 타냐 시아드네바, 케이시 카와하라, 잭 콜로쿠스, 마리아 레티시아 사라멘토스–산토스, 해나 킴, 브리트니 메츠, 로라 딜, 켈리 패덤, 프란시스 나카가와, 안 응우옌, 그리고 당신. 당신은 그 누구보다 큰 도움을 준 사람이다. 친애하는 독자들이여, 내게 이메일을 보내 여러분이 배운 것을 알려주길 바란다! 이 책의 다음 판을 훨씬 더 나은 형태로 만들 수 있도록 도와주기 바란다.

Email: Radicalfocus@cwodtke.com

구글이 목표를 달성하는 방식 OKR

제1판 1쇄 발행 | 2018년 11월 23일
제1판 23쇄 발행 | 2025년 1월 7일

지은이 | 크리스티나 워드케
옮긴이 | 박수성
펴낸이 | 김수언
펴낸곳 | 한국경제신문 한경BP
책임편집 | 마현숙
저작권 | 박정현
홍보 | 서은실 · 이여진
마케팅 | 김규형 · 박도현
디자인 | 이승욱 · 권석중
본문디자인 | 디자인 현

주소 | 서울특별시 중구 청파로 463
기획출판팀 | 02-3604-590, 584
영업마케팅팀 | 02-3604-595, 562   FAX | 02-3604-599
H | http://bp.hankyung.com   E | bp@hankyung.com
F | www.facebook.com/hankyungbp
등록 | 제 2-315(1967. 5. 15)

ISBN 978-89-475-4427-6   03320